Carsten Hjorth Pedersen

Gottes Liebe ist wie ein Ozean

Über den Autor

Carsten Hjorth Pedersen ist Leiter des Christlichen Pädagogischen Instituts in Hillerød, Dänemark, das praxisorientierte pädagogische und theologische Forschung betreibt. Er war Lehrer an zwei freien christlichen Schulen und hat sich dann zum Hochschullehrer für Pädagogik weitergebildet. Er ist Autor, Dozent, Predigthelfer in der dänischen Volkskirche und Jungscharleiter. Neben einigen Fachbüchern hat er etliche Andachtsbücher für Kinder geschrieben. Er ist verheiratet und hat drei erwachsene Kinder.

Über die Illustratorin

Christina Swartling ist von Beruf Hebamme und nebenbei leidenschaftliche Hobby-Illustratorin. Sie hat bereits viele Kinderbücher, Zeitschriften und Kalender illustriert. Sie ist verheiratet, hat vier erwachsene Kinder und lebt mit ihrem Mann Torbjörn sowie ihrem Hund in Schweden.

C. H. Pedersen

Gottes Liebe ist wie ein OZEAN

Drei-Minuten-Andachten für die ganze Familie

Aus dem Dänischen übersetzt von Katrin Wolf

GerthMedien

Inhalt

Vorwort

Ich freue mich sehr, dass eine Auswahl meiner Andachten nun auch auf Deutsch erscheint. Die 52 Texte können von Kindern ab 9 Jahren eigenständig gelesen werden. Aber auch zum Vorlesen in der Familie und der christlichen Kinder- oder Jugendgruppe eignen sie sich.

In den Andachten verwende ich Bilder und Beispiele aus dem Alltag, um Themen des Glaubens und Lebens mit Gott zu erklären. Denn der Glaube gehört mitten in unseren Alltag – und ist nicht ein davon losgelöster Bestandteil.

Ich habe einen einfachen und verständlichen Schreibstil gewählt. Dennoch wird es im Buch immer wieder Dinge geben, die nicht so leicht zu verstehen sind. Dann kann es gut sein, miteinander über das Gelesene ins Gespräch zu kommen und seine Gedanken dazu auszutauschen.

Mein Wunsch ist es, dass meine Leser den dreieinigen Gott – Vater, Sohn und Heiligen Geist – besser kennenlernen. Ich würde mich freuen, wenn Sie durch die Andachten dazu inspiriert werden, mit Gott den Alltag zu gestalten und für andere Menschen da zu sein.

Ich wünsche Ihnen viel Freude beim Lesen und Vorlesen – und alles Gute in Gottes starker Hand.

Carsten Hjorth Pedersen
Juni 2018

Er kennt alle Sterne – und dich

Hast du schon einmal an einem klaren, dunklen Abend den Sternenhimmel angeschaut? Wenn nicht, solltest du das mal tun. Das ist fantastisch. Du siehst einige Sterne, von denen du vielleicht die Namen kennst: den Polarstern, das Sternbild des kleinen Wagens oder die fünf Sterne des Orion. Wenn du keine Sterne oder Sternbilder benennen kannst, dann lass dir von jemandem helfen, der sich ein bisschen damit auskennt. Wenn du die Dinge, die du um dich herum siehst, beim Namen nennen kannst, dann wird deine Welt größer werden.

Außer den einzelnen Sternen kannst du manchmal am Nachthimmel noch etwas anderes sehen, das wie ein helles Nebelband aussieht: Das sind ebenfalls Sterne. Sie bilden ein Band, das man „Milchstraße" oder auch „Galaxie" nennt. Diese Galaxie, in der sich auch unsere Erde befindet, besteht aus Milliarden von Sternen. Und es gibt noch viel mehr Galaxien im Weltall!

Von allen Sternen, die es gibt, kennen die Wissenschaftler nur wenige mit Namen. Aber Gott, der das Weltall geschaffen hat, kennt jeden einzelnen Stern. Jedem hat er einen Namen gegeben, so steht es in der Bibel: „Blickt nach oben! Schaut den Himmel an: Wer hat die unzähligen Sterne geschaffen? Er ist es! Er ruft sie, und sie kommen hervor; jeden nennt er mit seinem Namen."*

Sterne sind sehr schön. Sie strahlen, blinken und funkeln. Aber einen noch viel größeren Wert haben für Gott die Menschen. Wenn er alle Namen der Sterne kennt, kennt er natürlich auch alle Menschen mit Namen. Er kennt zum Beispiel die Namen von allen Jungs in China und allen Mädchen in Indien. Er kennt auch deinen Namen. Er kennt dich!

Du bist ein Stern in Gottes Universum. Er kann nicht auf dich verzichten, obwohl es Milliarden anderer Menschen gibt. Ihm ist es nicht so wichtig, ob du mal Popstar oder Fußballstar wirst – oder gar nichts von beidem. Denn für Gott bist du schon ein Star! In seinen Augen bist du ein genialer, großartiger Mensch.

Also: Immer, wenn du zum Sternenhimmel hinaufschaust, dann erinnere dich daran, dass du auch ein Stern bist. Ein strahlender, funkelnder Stern.

Jesaja 40,26; Hfa

Gott denkt an uns

In Psalm 8 steht, dass Gott an uns Menschen denkt*, und diese Aussage wird im Neuen Testament wiederholt.* „Gott denkt an uns" bedeutet nicht nur, dass Gott sich an uns erinnert, so wie ich die PIN-Nummer meiner EC-Karte kenne. Nein, es bedeutet zuallererst, dass Gott von seinen Gedanken an uns Menschen total erfüllt ist. Sein Denken bestimmt alles, was er tut. Es ist ein bisschen so, wie ich an meine Frau denke: Sie ist fast immer in meinen Gedanken und meinen Gefühlen. Ich kann mir das Leben ohne sie einfach nicht vorstellen.

Wenn Gott an uns denkt, dann sieht er keine Menschenmasse, sondern jeden Einzelnen. Auch dich! Er weiß, dass Julian als Kleinkind Fieberkrämpfe hatte. Er weiß, dass Sophie das Lesen schwerfällt, dass Ben sehr robust ist und Emma sehr gut Fußball spielen kann. Er weiß, dass sich Finn leicht auf falsche Wege locken lässt und dass Nele schon sehr selbstständig ist.

Und weil er jeden Einzelnen von uns so genau kennt, geht er auch mit jedem von uns unterschiedlich um. Er denkt daran, was

Julian als Kleinkind erlebt hat, wenn er auf die Gebete antwortet, die Julian als 12-Jähriger spricht. Er denkt daran, dass Nele schon sehr selbstständig ist, wenn er zulässt, dass sie größeren Schwierigkeiten ausgesetzt wird als Finn.

Wir alle treffen immer wieder auf Schwierigkeiten und Versuchungen. Und wir alle erleben Freude und Erfolg. Aber manche bekommen mehr von dem einen als von dem anderen. Ich kann nicht erklären, warum das so ist. Aber Gott weiß das. Er allein kennt uns bis in unser Innerstes und weiß, was wir schon erlebt haben.

Nun ist es aber nicht so, dass Gott uns fernsteuert wie ein Spielzeugauto. Wir sind selbst dafür verantwortlich, wie wir unser Leben gestalten. Aber Gott weiß alles von mir und sieht mich, wenn er eine Schwierigkeit in meinem Leben zulässt – auch wenn ich es nicht immer verstehe. Und er kennt meine Stärken und Schwächen ganz genau und weiß, was ich gerade brauche.

Vergiss nicht, dass Gott auf diese ganz besondere Weise an dich denkt!

* *Psalm 8,5*

Der Vogel, der Fisch und die Freiheit

Es waren einmal eine Amsel und ein Hering. Die Amsel war nicht zufrieden. Sie fand es ungerecht, dass sie gezwungen war, in der Luft und in den Bäumen zu leben. *Was wäre das für eine Freiheit, wenn ich im Wasser schwimmen könnte!*, dachte sie. Der Hering war auch nicht zufrieden. Er wollte nicht nur im Meer leben. *Die wahre Freiheit muss es sein, wenn ich wie ein Vogel fliegen könnte!*, dachte er.

Eines Tages saß die Amsel am Ufer und der Hering kam an die Wasseroberfläche. Sie unterhielten sich. „Ach, immer nur Wasser um mich herum!", jammerte der Hering. „Ach, immer nur Luft und Bäume um mich herum!", jammerte die Amsel. Also beschlossen sie am nächsten Tag zu tauschen.

Weder der Hering noch die Amsel schliefen in dieser Nacht. Sie freuten sich beide so sehr darauf, endlich frei zu leben.

Am nächsten Tag trafen sie sich wie vereinbart. Die Amsel stürzte sich senkrecht nach unten ins Meer, und mit einem kräftigen Sprung aus dem Wasser flog der Hering an Land. Welche

15

wunderbare Freiheit! Bis beide zum ersten Mal Luft schnappen mussten. Die Amsel bekam Wasser in den Hals, und der Hering bekam Luft in die Kiemen. Außerdem konnten sie nicht mehr lange über ihre neue Freiheit nachdenken, denn unten im Meer kam ein Hai angeschwommen und fraß die Amsel, und am Ufer sah ein Mann den frischen Hering und fing ihn. Eine Stunde später lag er in seiner Bratpfanne.

Was für ein dummer Hering und was für eine dumme Amsel! Sie hatten nicht kapiert, dass Fische nur im Wasser frei sind, und Vögel nur in der Luft leben können, denn dort gehören sie hin.

Wir Menschen sind auch manchmal wie der Hering und die Amsel. *Es wäre bestimmt viel besser, ohne Gott zu leben!*, denken wir. *Dann müssen wir nicht von ihm abhängig sein und brauchen nicht zu tun, was er uns sagt. Dann wären wir frei!*

Aber wenn wir von Gott weglaufen, werden wir bald merken, dass wir uns damit schaden. Echte Freiheit bedeutet nämlich, dort zu sein, wo man hingehört. Und wir Menschen gehören nun mal zu Gott. Er hat uns so geschaffen. Er hält uns am Leben.

Bleib darum nahe bei Gott. Wenn du von ihm wegrennst, wirst du dich fühlen wie ein Vogel im Wasser oder ein Fisch in der Luft. Sag lieber wie der Psalmdichter David: „Gott nahe zu sein ist gut für mich."*

* Psalm 73,28; EÜ

Gott – ein genialer Künstler und Ingenieur

„Ich danke dir dafür, dass ich wunderbar gemacht bin."* So sagte es David einmal. Er wusste genau, dass Gott ihn ganz fantastisch gemacht hatte.

Und das gilt auch für uns – und für dich: Du bist wunderbar gemacht! Und das, obwohl nicht alles an unserem Körper perfekt ist. Vielleicht musst du eine Brille tragen oder hast irgendwo eine Narbe. Vielleicht hat einer deiner Mitschüler eine Behinderung. Vielleicht kann deine Oma schlecht laufen. Wenn man nicht gut gehen, sehen oder hören kann, dann kann es besonders schwierig sein, Gott dafür zu danken, dass man wundervoll geschaffen ist.

Doch weißt du was? Gott ist ein Künstler – er hat dich und mich geformt. Und so wie kein Maler zwei Bilder malt, die haargenau gleich aussehen, so macht Gott keine zwei Menschen gleich. Jeder ist anders – und jeder ist auf seine Weise schön! Wir sollten uns nicht von der Werbung oder von anderen Menschen täuschen lassen. Es stimmt nicht, dass deine Nase zu klein oder

17

zu groß ist, du zu viele Sommersprossen hast, du zu klein bist oder deine Haare die falsche Farbe haben.

Gott ist aber nicht nur ein Künstler, sondern auch ein Ingenieur: Er hat zum Beispiel unser Gehirn mit einem Super-Computer ausgestattet; es kann anderen Körperteilen Befehle erteilen, zum Beispiel zu den Beinen sagen: „Renne!", zum Gedächtnis: „Merk dir diese Zahlen!" oder zur Hand: „Schreib diese Buchstaben auf!"

Danke Gott dafür, dass er ein so genialer Künstler und Ingenieur ist – und er dich wunderbar gemacht hat!

* Psalm 139,14

Nimm Gottes
Geschenke an

Ich bin mir ziemlich sicher, dass du schon einmal ein Geschenk bekommen hast – zu Weihnachten oder zum Geburtstag oder zu einem anderen Anlass. Ohne groß darüber nachzudenken, nehmen wir normalerweise ein Geschenk an, das wir bekommen. Wir sagen normalerweise auch Danke dafür. Nur wirklich selten lehnen wir ein Geschenk ab oder vergessen, uns zu bedanken.

Aber es kann sein, dass jemand ein Geschenk ablehnt, weil er denkt: „Das habe ich doch gar nicht verdient! Ich bin gar nicht würdig, ein so großes Geschenk zu bekommen!" Oder jemand tut sich schwer damit, ein Geschenk anzunehmen, weil es von jemandem kommt, den er überhaupt nicht mag.

Der größte Geschenkemacher auf der Welt ist Gott. Er schenkt uns Tag für Tag das Leben. Er schenkt uns Gesundheit, Essen und Kleidung. Er schenkt uns Eltern, Geschwister und Freunde. Das größte Geschenk, das er uns gegeben hat, ist sein Sohn Jesus Christus. Keiner ist besser im Geschenkemachen als Gott. Darum gibt es auch keinen Grund, seine Geschenke abzulehnen. Oder zu

19

denken: „Das habe ich doch gar nicht verdient!" Gott schenkt uns keine schlechten Dinge, und wir haben auch keinen Grund, ihn nicht zu mögen. Gott freut sich, wenn er uns beschenken kann. Deshalb möchte er, dass wir seine Geschenke annehmen. Wenn wir sie nicht annehmen, ist er sehr traurig darüber.

Viele Menschen lehnen Gottes größtes Geschenk – Jesus – ab. Und viele Menschen danken Gott nicht für die vielen Geschenke, die er ihnen schenkt. Wie ist es bei dir? Hast du dich schon mal bei Gott bedankt für die vielen Geschenke, die er dir macht? Gott möchte dir Gutes tun – auch wenn er ab und zu zulässt, dass du etwas erlebst, was schwierig ist.

In der Bibel stehen viele Dankgebete. In einem heißt es: „Dankt dem Herrn, denn er ist gut zu uns, seine Liebe hört niemals auf!"* Wofür möchtest du dich bei Gott mal so richtig bedanken?

* *Psalm 118,29; GN*

Die Reise, die Seekrankheit und das Ziel

Ich werde sehr schnell seekrank. Wenn du auch schon mal seekrank warst, weißt du, wie scheußlich das ist. Man kann nichts essen. Allein beim Gedanken an Essen wird einem schlecht. Wenn es sehr schlimm wird, muss man brechen. Das ist eklig! Es wird einem auch seltsamerweise alles andere egal, wenn man seekrank ist. Es fällt einem dann zum Beispiel schwer, an andere zu denken.

Doch obwohl ich leicht seekrank werde, hält es mich nicht davon ab, auf ein Schiff zu steigen. Ich bin sehr gern in unserem Ferienhaus auf der Insel Bornholm, aber dahin muss man eben mit dem Schiff fahren – wenn man nicht das Flugzeug nimmt oder hinüberschwimmt. Ich bin also bereit, seekrank zu werden, um zu meinem Ferienhaus zu kommen.

Etwas Ähnliches gilt in anderen Bereichen des Lebens. Manchmal müssen wir durch Schwierigkeiten hindurch, um ein bestimmtes Ziel zu erreichen. Das kann eine Operation sein, die man über sich ergehen lassen muss, um gesund zu werden. Das können auch schwierige Hausaufgaben sein: Am Ende helfen sie uns, im Lesen oder Rechnen immer besser zu werden.

Im Leben müssen wir immer wieder schwierige Dinge bewältigen: beispielsweise eine Krankheit, einen Unfall, einen Verlust oder eine schwere Enttäuschung. Und wir müssen auch gegen die bösen Kräfte in uns kämpfen: gegen den Wunsch zu lügen zum Beispiel, oder den Drang, andere zu ärgern oder auszugrenzen.

All diese Schwierigkeiten und Herausforderungen – die verschiedenen „Seekrankheiten" sozusagen – können wir aber meistern, weil wir wissen, dass danach etwas Gutes auf uns wartet: das Ziel. Das kann eine bessere Schulnote sein oder mehr Kraft, mehr Liebe zu anderen Menschen oder mehr Freude im Leben.

Unser ganzes Leben kann man mit einer Schifffahrt vergleichen. Am Ende wartet auf uns ein großartiges Ziel. Und es wird tausendmal besser werden als die Ankunft am Ferienhaus auf der Insel Bornholm! Das Ziel ist das ewige Leben bei Gott. Dafür bereitet er schon jetzt alles vor.

„Ihr müsst jetzt für eine kurze Zeit leiden. Aber Gott hat euch in seiner großen Gnade dazu berufen, in Gemeinschaft mit Jesus Christus für immer in seiner Herrlichkeit zu leben. Er wird euch Kraft geben, sodass euer Glaube stark und fest bleibt und ihr nicht zu Fall kommt."*

* 1. Petrus 5,10; GN

Ein Drachen ohne Schwanz
ist gefährlich

Ich habe einen Freund. Er hat eine Glatze – tja, und ich habe graue Haare. Aber innendrin sind wir immer noch Kinder. Und nun erzähle ich euch von einem richtigen Jungenstreich, den wir vor ein paar Jahren gemacht haben.

Eines Tages waren wir gemeinsam im Urlaub zum Spielen draußen, er mit seinen Kindern und ich mit meinen Kindern. In den Dünen in der Nähe des Ferienhauses, wo wir waren, fanden wir einen Drachen. Nicht einen, der Feuer spuckt, sondern einen aus Plastik, den man an einer Schnur fliegen lassen kann. Sofort kamen wir auf die Idee, unseren Kindern zu zeigen, wie man einen Drachen steigen lässt.

Das einzige Problem war, dass der Drachen keinen Schwanz mehr hatte. Du weißt ja, dieses lange Stück Plastik oder Papier, das unten am Drachen hängt. Der Drachen selbst war ganz. Er hatte auch eine lange Schnur. Und es war sehr windig – perfektes Wetter also, um einen Drachen steigen zu lassen. Also sollten wir es doch schaffen, unseren Kindern zu zeigen, dass wir ihn hochfliegen lassen konnten – auch wenn ihm der Schwanz fehlte.

Am Anfang ging tatsächlich alles gut. Der Drachen stieg auf, obwohl er schwer zu steuern war. Er fiel ein paar Mal runter, aber wir schafften es, ihn wieder hochzukriegen. – Nun war er hoch oben und tanzte im Wind herum.

Aber dann ging die Sache schief. Dem Drachen fehlte das Gegengewicht, das der Schwanz normalerweise bietet. Es war unmöglich, ihn zu steuern. Er flog, ganz wie er selbst und der Wind es wollten. Plötzlich stürzte er ab. Sehr unglücklich traf der Drachen die Tochter meines Freundes unter der Nase. Sie erschrak fürchterlich, und es blutete stark. Sie musste im Krankenhaus genäht werden und hat heute, viele Jahre später, immer noch eine Narbe zwischen der Nase und der Oberlippe.

So, wie ein Drachen einen Schwanz braucht, damit man ihn steuern und in der Luft halten kann, brauchen wir Menschen die Verbindung zu Gott, damit wir nicht wild herumfliegen und abstürzen – und anderen Menschen vielleicht sogar schaden.

Mit Gott verbunden sein heißt, mit ihm zu sprechen. Es heißt aber auch, nach seinem Willen zu fragen und seine Gebote für unser Leben zu beachten. In der Bibel können wir diese Gebote lesen; da steht zum Beispiel: Du sollst Gott und deinen Nächsten lieben. Du sollst nicht stehlen. Du sollst nicht lügen. Du sollst nicht neidisch auf andere sein. Du sollst niemanden töten.

Vielleicht denken wir, Gottes Gebote sind doch wie ein überflüssiges Anhängsel in unserem Leben. Aber das sind sie nicht. Ohne sie werden wir wie der Drache ohne Schwanz, der nicht mehr gelenkt werden kann. Wir fliegen wild umher, und für andere, aber auch für uns selbst, wird es gefährlich. Gottes Gebote sind nicht da, um uns einzuengen oder uns den Spaß zu verderben. Gottes Gebote helfen uns und anderen, gut zu leben.*

* 5. Mose 30,16 und Josua 1,8

Entschuldigung!

Hier eine Geschichte, die wirklich passiert ist:

Die Klassen 3b und 4a stritten sich ständig. Beide Klassen bauten nämlich Höhlen an der Böschung hinter der Schule. Irgendwann begannen sie, sich um die Äste zu streiten, die sie zum Höhlenbauen brauchten. Und am Ende beschuldigten sie sich gegenseitig, die Höhle der anderen Klasse zerstört zu haben.

Zuletzt mussten sich die beiden Klassenlehrer um die Sache kümmern. Aber es war nicht leicht für die Lehrer herauszufinden, was wirklich genau passiert war. Die 3b ging die 4a besuchen, um die Wogen zu glätten. Die 4a durfte als Erste erzählen, was nach ihrer Meinung nacheinander passiert war. Sie zählten eine Menge Anschuldigungen gegen die 3b auf: Die Klasse 3b sei frech gewesen und hätte ihre Höhle kaputtgemacht. Sie hätte die 4a ständig geärgert, und Maria sei die Schlimmste gewesen.

Danach war die 3b dran. Die ersten drei, die etwas sagten, entschuldigten sich, aber sie brachten auch einige Anschuldigungen

26

gegen die 4a vor. Dann durfte Maria etwas sagen, und alle warteten darauf, dass sie es der 4a zurückgibt, denn Maria regt sich schnell auf. Aber es geschah das Unerwartete: Maria entschuldigte sich. Sie sagte einfach nur: „Entschuldigung!"

Es gab immer noch einige Vorwürfe, aber die Stimmung war gut, als die 3b wieder in ihr Klassenzimmer zurückging.

Nach der Stunde ging Maria zum Lehrer und sagte ihm, dass sie so froh sei. „Warum bist du froh?", fragte der Lehrer. „Weil ich es geschafft habe, Entschuldigung zu sagen!", antwortete das Mädchen.

Es ist nicht leicht, „Entschuldigung!" zu sagen; aber es ist wichtig, dass wir lernen, es zu tun. Wir sollen uns natürlich nur entschuldigen, wenn wir wirklich etwas Verkehrtes oder Dummes getan haben. Und noch etwas Wichtiges: Man sollte sich nicht nur entschuldigen, um endlich seine Ruhe zu haben. Aber wenn wir etwas falsch gemacht haben, ist es so befreiend, wenn wir uns bei denen entschuldigen können, die wir verletzt haben. Oft hat der andere auch einen Teil der Schuld; aber wir sollten mit unserer Entschuldigung nicht warten, bis der andere sich zuerst bei uns entschuldigt.

Obwohl es für Maria bestimmt schwer war, war sie erleichtert und froh, als sie sich entschuldigt hatte. Und sie hatte dazu beigetragen, dass der Streit mit der 4a gelöst wurde. Ihre Entschuldigung machte auch für die anderen die Sache wieder gut.

Wenn wir etwas Unrechtes tun oder sagen, ist auch unser Verhältnis zu Gott gestört: Er ist dann traurig über uns. Deshalb ist ihm wichtig, dass wir uns auch bei ihm entschuldigen, wenn wir einen Fehler gemacht haben. Dann sagt er zu uns: „Sei ganz zuversichtlich, ich verzeihe dir."* Aber du darfst auch wissen: Selbst wenn du mal einen Fehler machst oder Gott enttäuschst: Er liebt dich immer und wendet sich nie von dir ab!

* *nach Matthäus 9,2*

Das Samenkorn muss sterben

Du bist bestimmt schon oft an einem reifen Getreidefeld vorbei-gelaufen. Stell dir vor: In der Erde dieses Feldes liegen Tausende tote Körner – nämlich all die Körner, die dort gesät wurden. Diese Körner kann man nicht wieder gebrauchen. Sie verrotten – oder besser gesagt: Sie werden zu neuen Pflanzen, die in sich Körner tragen. Und diese Körner kann man dann beispielsweise zum Brotbacken verwenden.

Das Korn, das in die Erde gesät wird, muss sterben, damit da-raus wieder eine Ähre mit Körnern wächst. Es gibt kein Brot, ohne dass vorher Samenkörner sterben müssen! Denk mal daran, wenn du das nächste Mal von einem leckeren Stück Brot abbeißt. Du kannst dieses Stück Brot nur genießen, weil einige Samenkör-ner gestorben sind. Man kann fast sagen, dass diese Körner für dich gestorben sind.

Jesus hat sich selbst mit einem Brot verglichen. „Ich bin das Brot des Lebens"*, sagt er. Und an einer anderen Stelle der Bibel vergleicht er sich mit einem Weizenkorn, das in die Erde gelegt wird, um zu sterben. Er sagt: „Ein Weizenkorn, das nicht in den Boden kommt und stirbt, bleibt ein einzelnes Korn. In der Erde aber keimt es und bringt viel Frucht, obwohl es selbst dabei stirbt.**

Das Korn auf dem Feld ist ein gutes Bild für Jesus. Sein Tod sah wie eine ganz große Niederlage aus. Aber das war es nicht. Denn der Tod von Jesus schenkte uns das Leben – das wahre, echte Leben. Und dazu gehören die Vergebung unserer Schuld, Gemeinschaft mit ihm und ein ewiges Leben bei ihm. Als Jesus starb, wurde er das Brot des Lebens für uns.

Denk mal daran, wenn in deiner Gemeinde wieder Abendmahl gefeiert wird: Du kannst dieses Brot essen, weil das „Weizenkorn Jesus" für dich starb.

* Johannes 6,35
** Johannes 12,24; Hfa

Gott ist älter als
der älteste Baum

Im Park unserer Stadt steht eine uralte Eiche. Ab und zu stelle ich mich unter ihr riesiges Blätterdach. Ich berühre den Stamm oder setze mich auf die dicken Wurzeln, die aus der Erde herausgewachsen sind.

Es gibt mir Sicherheit, an einem lebenden Baum zu sitzen, der vor sechshundert Jahren zu wachsen begann und der vor hundert Jahren schon riesig groß war. Wie viele Unwetter er schon überlebt hat! Und wie oft er wohl dem Drang der Menschen widerstanden hat, die ihn fällen wollten? Vielleicht war der Baum ja auch Zeuge von Krieg und Kanonenfeuer. Aber er steht hier immer noch mit seiner großen, grünen Krone.

Ja, so ein alter Baum schenkt mir Sicherheit. Aber noch größere Sicherheit empfinde ich meist, wenn ich mit einem alten Menschen zusammen bin, zum Beispiel mit einer Uroma. Diese Uroma ist ungefähr neunzig Jahre alt, hat Falten und riecht ein bisschen merkwürdig. Aber für ein Kind ist es oft sehr schön, auf ihrem Schoß zu sitzen. Sie muss nicht viel sagen, denn schon ihre

Nähe gibt Sicherheit. Sie hat ja schon so viel erlebt und so viel überlebt! Wenn man acht oder neun Jahre alt ist, ist es bestimmt ein schönes Gefühl, bei jemandem zu sein, der schon zehnmal mehr Lebenserfahrung hat als man selbst, oder?

Gott ist auch uralt, aber noch viel älter als die älteste Uroma der Welt! Er ist der Älteste, den es gibt. Er sah die ersten Sterne, die er selbst geschaffen hatte. Er hörte Adam und Eva miteinander sprechen. Er war bei der Geburt seines Sohnes Jesus dabei. Er weiß alles über seine Gemeinde. Er hat jedes Ereignis der Weltgeschichte miterlebt. Ja, auch mein kleines Leben kennt er von Anfang an und bis heute.

Darum gibt es Sicherheit, bei Gott zu sein. Er hat alles erlebt und alles überlebt. Nun ist er hier bei mir, und ich darf bei ihm sein. Zu Gott zu beten ist wie auf seinem Schoß zu sitzen. Die Eiche wird eines Tages umstürzen, und die Uroma wird sterben; aber Gott bleibt immer da. Ich darf bei ihm leben – wenn ich schlafe und wenn ich sehr beschäftigt bin, aber auch nach dem Tod.

Wie sicher ist es doch, dass wir bei Gott sein dürfen, der niemals geboren wurde und der niemals stirbt!

„Ich bleibe derselbe; ich werde euch tragen bis ins hohe Alter, bis ihr grau werdet. Ich, der Herr, habe es bisher getan, und ich werde euch auch in Zukunft tragen und retten."*

* *Jesaja 46,4; Hfa*

Hast du Angst
im Dunkeln?

Es ist scheußlich, wenn man Angst im Dunkeln hat – wenn man zum Beispiel in einem dunklen Zimmer schlafen soll, das man nicht kennt. Oder wenn man abends im Dunkeln auf einer einsamen Straße entlangläuft und plötzlich hinter sich Schritte hört – oder in der Dunkelheit Umrisse von seltsamen Gestalten sieht.

Aber warum macht uns die Dunkelheit solche Angst?

Weil die Dunkelheit Dinge versteckt, die man im Licht sehen kann. Und wenn etwas versteckt ist, wirkt es immer gefährlicher, als wenn es sichtbar ist. Ein Feind, den man sehen kann, ist leichter zu bekämpfen als einer, den man nicht sehen kann.

Der zweite Grund für unsere Angst im Dunkeln ist unsere Fantasie: In der Dunkelheit ist sie viel größer als im Hellen. Furcht ist im Grunde eine Form der Fantasie – wir stellen uns alles Schreckliche, das geschehen könnte, bildhaft vor.

Böses, das auf der Welt passiert, bezeichnet man auch als „dunkel" oder „finster". Schlimme Dinge oder böse Menschen sind uns unheimlich – wir bekommen Angst. Aber wir sollten nie vergessen: Gott ist das Licht. Darum sollen wir auf ihn schauen. Das können wir auch tun, wenn wir in einem Haus oder auf einer dunklen Straße Angst bekommen. Wir sollten schnell zu Gott gehen, wenn Böses und Dunkles uns Angst macht. Denn „Gott ist Licht und in ihm ist keine Finsternis."* So steht es in der Bibel.

Wie gut, dass in Gott keine Finsternis ist! Keine versteckten, unheimlichen Überraschungen. Nichts, was Angst in uns auslöst. Nichts Böses, nur Gutes versteckt sich in Gott.

Und noch etwas Gutes gibt es bei Gott: Er kann ins Dunkle hineinschauen. Die Dunkelheit ist überhaupt nicht dunkel für ihn. Die Nacht leuchtet für ihn so hell wie der Tag und Finsternis ist für ihn wie das Licht."** Für uns ist es dagegen schwer, die Dunkelheit zu enthüllen.

Manchmal ist es auch in uns drin dunkel. Wenn wir traurig sind, zum Beispiel, oder wenn wir jemanden belogen haben. Aber Gott kann auch in die Dunkelheit in uns hineinsehen. Und er möchte es mit seinem Licht wieder hell in uns machen.

Gott hat zum Glück keine Angst vor der Dunkelheit. Er kämpfte gegen die Mächte der Finsternis. Er trug unsere Schuld. Er ging in die Dunkelheit des Todes. So hat er über die Mächte der Finsternis gesiegt. Darum kannst du sagen: „Wenn ich auch im Finstern sitze, so ist doch Gott mein Licht."***

* 1. Johannes 1,5
** nach Psalm 139,12
*** nach Micha 7,8

Das Fundament ist das Wichtigste

Lange Zeit war direkt vor meinem Büro eine Baustelle. Deshalb konnte ich hautnah miterleben, wie man eine große Turnhalle baut.

Zuerst haben die Bauarbeiter alles vermessen. Danach hoben sie entlang der späteren Turnhallenwände Gräben aus, die mit Beton gefüllt wurden. Rohre und Kabel wurden verlegt. Schließlich legten die Arbeiter große Eisengitter auf die Erde, und dann wurden mehrere tausend Tonnen Beton daraufgegossen. Dann war das Fundament gelegt.

Aber seit die Mauern stehen, das Dach drauf ist und im Inneren des Gebäudes alles fertig ist, achtet niemand mehr auf das Fundament. Ist doch komisch, oder? Die Leute achten jetzt auf die schönen Backsteine, aus denen die Turnhalle gebaut ist, die Fenster und die Treppen – und vor allem: auf das Gebäude als Ganzes. Das Fundament ist darunter versteckt – es liegt unter dem Gebäude. Aber wenn die Turnhalle kein Fundament hätte, würde sie irgendwann wackelig werden und einfallen.

Nicht nur bei Häusern ist das Fundament wichtig. Auch wir Menschen brauchen ein Fundament. Etwas, das uns Halt und Sicherheit gibt.

Die Liebe ist das Fundament unseres Lebenshauses. Geliebt zu werden und andere zu lieben ist sehr wichtig für uns. Ein Kind, das ohne Liebe aufwächst, wird es sehr schwer im Leben haben. Du denkst normalerweise nicht ständig darüber nach, wie wichtig Liebe ist. Sie ist ja eben einfach da. Ganz sicher lieben dich deine Eltern. Und es gibt viele andere Menschen, die dich gern haben. Aber wenn dich niemand lieben würde, dann könntest du nicht leben, so, wie auch ein Haus nicht bestehen kann ohne ein Fundament.

Das größte und wichtigste Fundament für dich und mich ist die Liebe Gottes. Dass er uns liebt, ist das Allerwichtigste. Und diese Liebe hat einen Namen: Jesus Christus. In ihm zeigt sich, wie sehr Gott uns liebt. In der Bibel steht auch, dass Jesus unser Fundament ist: „Das Fundament, das bei euch gelegt wurde, ist Jesus Christus. Niemand kann ein anderes legen."*

Also, denk immer mal wieder dran, dass du ein gutes Fundament hast – wie die Turnhalle vor meinem Büro.

* 1. Korinther 3,11; Hfa

Gott vermisst uns

Hast du schon mal jemanden vermisst? Manche Kinder, die ohne Vater und Mutter auf einer Ferienfreizeit sind, vermissen ihre Eltern so sehr, dass sie beim Einschlafen weinen müssen. Aber manche Eltern vermissen auch ihre Kinder schrecklich, wenn die Kinder auf einer Freizeit sind. Sie können sie so sehr vermissen, dass sie bei den Freizeitleitern anrufen und fragen, wie es ihren Kindern geht.

Aber was bedeutet es eigentlich, jemanden zu „vermissen"? Es bedeutet, sich ganz doll nach jemandem zu sehnen, der gerade nicht in der Nähe ist. Einen Menschen vermisse ich aber nur, wenn er mir sehr viel bedeutet. Wenn ein geliebter Mensch nicht in unserer Nähe ist, und besonders, wenn er für eine Weile weg ist, dann entsteht eine Art Loch in uns drin. Darum denken wir sehr oft an ihn, und wir sehnen uns danach, dass er wieder nah bei uns ist.

Aber wir vermissen nicht alle Menschen in unserem Leben. In den Sommerferien vermisst du vielleicht einen Mitschüler –

vielleicht auch einen deiner Lehrer, den du magst. Aber einen Lehrer, bei dem du keinen Unterricht hast, wirst du normalerweise nicht vermissen – und auch nicht den Busfahrer oder die Verkäuferin im Supermarkt.

Gott weiß, wie sich das anfühlt, jemanden zu vermissen. Aber er vermisst nicht etwa nur ein paar wenige Menschen, die er sehr mag. Denn weil er alle Menschen lieb hat, vermisst er tatsächlich jeden einzelnen von ihnen! Aber nicht, weil sie gerade auf eine Ferienfreizeit gefahren sind, sondern weil sie ihm den Rücken zugekehrt haben. Seine Sehnsucht nach den Menschen wurde schließlich so groß, dass er beschloss, selbst ein Mensch zu werden und mitten unter den Menschen zu leben. Dieser Mensch, Jesus, tat alles, was in seiner Macht stand, um uns wieder in seiner Nähe zu haben.

Gott freut sich, wenn du in seiner Nähe bist. Gott freut sich über alle, die an ihn glauben. Aber er vermisst all die Menschen, die noch nicht an ihn glauben – die noch nicht in seiner Nähe sind. Ständig denkt er an sie. So, wie eine Mutter ihr Baby nie vergessen kann, so kann auch Gott seine Menschen nicht vergessen!*

Gibt es jemanden, dem du erzählen könntest, dass Gott ihn vermisst?

* *Jesaja 49,15; GN*

Sind die „Wetterfrösche" am schlechten Wetter schuld?

Meteorologen können vorhersagen, wie das Wetter wird. Ein Meteorologe ist ein Wissenschaftler, der sich mit dem Wetter beschäftigt. Menschen, die die Wettervorhersage im Fernsehen oder Radio machen, nennt man auch einen „Wetterfrosch".

Vielleicht warst du schon mal wütend auf so einen „Wetterfrosch". Zum Beispiel dann, wenn er sagt, dass es morgen, an deinem Geburtstag, regnen wird. Oder wenn er erklärt, dass es die ganze Woche, in der ihr in den Urlaub fahren wollt, kalt sein wird. Ein Bauer kann auf den Wetterfrosch sauer sein, wenn dieser sagt, dass es die nächsten Tage regnen wird, aber der Bauer nun gerne sein Getreide ernten möchte.

Aber das ist nicht fair. Weder die Wetter-Wissenschaftler noch die Wetterfrösche im Fernsehen machen ja das Wetter. Sie versuchen nur, es vorherzusagen. Manchmal geben sie uns Hoffnung. Ein anderes Mal enttäuschen sie unsere Hoffnung. Ihre Aufgabe ist es, uns zu helfen, uns auf das Wetter richtig vorzubereiten. Wir sollen ja wissen, ob wir uns warm anziehen müssen, die Sonnencreme oder den Regenschirm einpacken sollten. Es nützt also nichts, böse auf die Meteorologen oder den Wetteransager zu werden.

Oft sind wir auch böse auf Gott, wenn er etwas Unangenehmes zu uns sagt. Denn das macht Gott ab und zu. Er sagt uns zum Beispiel, dass wir zu viel an uns selbst denken, oder dass wir ihn traurig gemacht haben, weil wir andere schlechtgemacht oder unsere Freunde angelogen haben. „Gott ist aber streng, wenn er so etwas zu uns sagt!", meinen wir.

Das Problem ist jedoch nicht, dass Gott uns so etwas sagt. Die Meteorologen sind nicht böse, wenn sie schlechtes Wetter vorhersagen. Gott ist auch nicht böse, wenn er etwas Unangenehmes zu uns sagt. Im Gegenteil. Er tut das, damit wir erkennen, wo wir einen Fehler gemacht haben. Denn er möchte, dass wir diesen Fehler zugeben und es dann besser machen. Wenn uns wirklich leid tut, was wir getan haben, möchte Gott uns das Allerwichtigste sagen, nämlich: „Ich lösche deinen Fehler komplett aus und werde ihn für immer vergessen."* Das ist doch ein tolles Versprechen von Gott, oder?

* *nach Jesaja 43,25*

Der Schlüssel zum Haus Gottes

Ein Schlüssel ist ein schlaues kleines Ding. Das wird einem klar, wenn man vor einer verschlossenen Tür steht und den Schlüssel nicht hat. Es ist so ärgerlich, vor einer verschlossenen Tür zu stehen! Vielleicht hast du das auch schon mal erlebt. Du rüttelst an der Türklinke, aber das nützt nichts. Wenn du den Schlüssel hättest, wäre es ganz leicht hineinzukommen.

Ein Schlüssel passt immer nur in ein bestimmtes Schloss. Im Schloss drin gibt es kleine Zapfen, zu denen der Schlüssel ganz genau passt, sodass beim Drehen des Schlüssels die Tür aufgeht. Steckt man einen falschen Schlüssel ins Schloss, öffnet sich die Tür nicht.

Es ist völlig egal, wie klein der Schlüssel oder wie groß die Tür ist. Nur wenn der Schlüssel und das Schloss zusammenpassen, geht die Tür auf.

Stell dir vor, Gott wohnt in einem Haus. Der Schlüssel, um in dieses Haus hineinzukommen, heißt Glaube. Zu Gott kommen kann man also nur durch den Glauben. Die Menschen haben immer wieder versucht, mithilfe anderer Schlüssel in Gottes Haus zu gelangen. Manche meinten, dass bestimmte Taten die Tür zu Gottes Haus aufschließen. Andere sagten, wenn man eine bestimmte Anzahl von Gebeten spricht, kommt man zu Gott hinein. Wieder andere waren der Überzeugung, dass man sich gut fühlen muss, um in das Haus Gottes zu gelangen. Doch nein! Das sind alles falsche „Schlüssel"; sie schließen die Tür nicht auf.

Der Glaube an Jesus ist der einzige Schlüssel, der in Gottes Tür passt. Er ist klein, aber wichtig. Der Schlüssel an sich ist nicht viel wert; aber nur damit kannst du in Gottes Haus gelangen.

Was musst du nun tun, um an diesen Schlüssel zu kommen? Nichts. Rein gar nichts. Dieser Schlüssel ist ein Geschenk. Der Glaube ist ein Geschenk. Glauben heißt, all das zu empfangen, was Gott dir gibt. „Denn nur durch Gottes Güte seid ihr gerettet worden. Das ist geschehen, weil ihr an Jesus Christus glaubt. Es ist ein Geschenk Gottes und nicht euer eigenes Werk."*

Du darfst zu Gott kommen, jederzeit, weil er dir den Schlüssel gegeben hat. Und er freut sich auf dich!

* *Epheser 2,8; Hfa*

Wir sind Gottes Vize-Könige

Wer bin ich? Wer bist du? Dies ist eine wichtige Frage.

Aber noch wichtiger als die Frage ist es, die Antwort am richtigen Ort zu suchen. Der beste Ort, den ich dir empfehlen kann, ist Gott, der dich geschaffen hat.

Stell dich mal an einem sternenklaren Abend unter den Himmel. Du siehst dann Hunderte Sterne – aber es gibt noch Millionen weitere Sterne, die du nicht sehen kannst. Du weißt, dass jeder Stern eine Sonne ist – viele von ihnen sogar noch größer als unsere Sonne. Bei dem Anblick des Nachthimmels fühlst du dich bestimmt ganz klein. Fragst du dich, wie Gott dich kleinen Menschen in diesem riesigen Weltall finden kann? Und ob er sich tatsächlich um dich kümmert? Doch das tut er wirklich!

Der Psalmdichter David schrieb mal einen Psalm, in dem es heißt: „Ich bestaune den Himmel, das Werk deiner Hände, den Mond und alle die Sterne, die du geschaffen hast: Wie klein ist da der Mensch, wie gering und unbedeutend! Und doch gibst du dich mit ihm ab und kümmerst dich um ihn!"*

Und der Psalm geht noch weiter (In die Lücken kannst du deinen Namen einsetzen):

„Du hast _____ wenig niedriger gemacht als Gott, mit Ehre und Herrlichkeit hast du _____ gekrönt. Du hast _____ zum Herrn gemacht über deiner Hände Werk, alles hast du unter _____s Füße getan."**

Unglaublich, oder? Nach Davids Worten sind wir nicht nur winzig-kleine Menschen. Wir sind auch große Menschen, zu denen Gott sagt: „Wow, ihr seid großartig gemacht! Ihr seid mir total wichtig und ihr dürft mit mir die Welt regieren!" Im Grunde sind wir Gottes Vize-Könige und Vize-Königinnen: Wir regieren stellvertretend für Gott über die Schöpfung. Wir sind vor Gott verantwortlich für die Tiere, die Pflanzen – und unsere Umwelt sowie unsere Mitmenschen. Allerdings haben wir bislang nicht gut genug auf die Erde aufgepasst. Und das Schlimmste von allem ist: Wir haben uns nicht gut genug um die anderen Vize-Könige und Vize-Königinnen – also unsere Mitmenschen – gekümmert. Darum musste Gott den König Jesus schicken, der alles wiedergutmacht.

Wer bin ich? Wer bist du? Die Antwort ist: Ein kleiner Mensch, aber auch ein großer Vize-König oder eine Vize-Königin – ein Königskind, das von Gott geliebt ist.

* *Psalm 8,4–5; GN*
** *Psalm 8, 6–7*

44

Der wahre Sündenbock

Wir Menschen finden schnell Sündenböcke. Unter Erwachsenen, an ihrem Arbeitsplatz, geschieht es oft, dass einer zum Sündenbock gemacht wird. Er bekommt die Schuld für vieles von dem, was schiefläuft: Er hat nicht die richtigen Schrauben besorgt. Oder er hat vergessen, das Lager aufzuräumen.

Auch unter Kindern gibt es Sündenböcke. In einer Klasse ist ein Mädchen, Laura, dem die anderen immer die Schuld geben – egal, ob sie tatsächlich schuld ist oder nicht. Wenn irgendetwas im Klassenraum fehlt, sagen sie: „Die Laura war's". Wenn etwas kaputtgeht, schieben sie es auch auf Laura.

Manchmal ist ja an einer Anschuldigung auch etwas Wahres dran. Der Mitarbeiter in der Firma *ist* etwas chaotisch, und Laura *ist* etwas schusselig und vergesslich. Aber oft passiert es, dass wir einen Menschen zum Sündenbock machen, weil es so einfach ist, einen zu haben, auf den man die Schuld schieben kann.

Es ist bestimmt nicht schön, der Sündenbock zu sein. Wenn du auch schon mal zum Sündenbock gemacht worden bist, stimmst du mir sicher zu. Denn wenn man in den Augen der anderen der Sündenbock ist, nutzt es gar nichts, ihnen zu sagen, dass man es gar nicht war. Denn die anderen haben einfach entschieden, dass man der Schuldige ist.

Es ist ungerecht und falsch, jemanden zum Sündenbock zu machen, denn niemand kann immer und an allem schuld sein. Wie sollen wir dann verstehen, dass Gott auch einen Sündenbock hat? Ist er etwa auch ungerecht? Nein! Denn Gottes eigener Sohn, Jesus, entschied sich selbst, der Sündenbock für alle Menschen zu werden. Er wurde Sündenbock, weil er sich selbst dazu gemacht hat – nicht, weil wir ihn dazu gemacht haben. Wie ein Lastesel trug er die Schuld aller Menschen – und starb für sie.

„Jesus erlitt die Schmerzen, die wir hätten ertragen müssen. Wir aber dachten, dass Gott ihn bestrafte, weil er es verdient hatte. Doch nein! Er wurde bestraft, weil wir Gott die Treue gebrochen hatten. Er wurde für uns bestraft – und wir? Wir haben nun Frieden mit Gott! Durch seine Wunden sind wir geheilt."*

Weil Jesus unsere Schuld getragen hat, sollten wir dann nicht aufhören, andere Menschen zu Sündenböcken zu machen?

* *nach Jesaja 53,4*

46

Wer verliert,
gewinnt was!

Wir sind daran gewöhnt, dass man Dinge, die man verliert, nicht mehr hat. Ich habe einmal eine Kamera an einem Strand in Frankreich verloren. Darum habe ich sie nicht mehr; ich habe sie nie wiedergesehen. Man kann also unmöglich etwas gewinnen, indem man es verliert. Denn man hat es dann doch nicht mehr! Tja, so dachte ich auch mal. Aber weißt du was? Das stimmt so nicht. Ich gebe dir ein Beispiel:

Wenn Frida eines von ihren Spielzeugen an Kathy verschenkt, und Kathy sich darüber richtig freut, hat Frida natürlich ihr Spielzeug nicht mehr. Aber sie hat vielleicht etwas anderes bekommen – nämlich Kathys Freundschaft. Und eine Freundschaft ist viel besser als ein Spielzeug!

Wenn Jens sich nicht rächt, obwohl Christian ihn geärgert hat, hat Jens natürlich seine Rache verloren. Aber er zeigt Christian damit, dass er ihm verzeihen möchte – damit sie Freunde werden können.

Wenn ich anderen etwas gebe – ein Spielzeug, meine Freundlichkeit, meine Zeit – dann gewinne ich etwas viel Wertvolleres: die Freundschaft zu einem anderen Menschen. Wenn ich anderen nie etwas gebe, dann verliere ich irgendwann die Freude an dem, was ich habe.

Das meint auch Jesus, wenn er sagt: „Wer sich an sein Leben klammert, wird es verlieren; wer es dagegen verliert, wird es gewinnen."* Es gibt also Dinge, die du nur durch Verlieren gewinnen kannst.

Oft denken wir: „Wenn ich mich anstrenge, bekomme ich was. Wenn ich mich nicht anstrenge, dann bekomme ich nichts." Aber Gott denkt ganz anders als wir Menschen. Bei ihm geht es nicht um unsere Leistung. Manchmal sagen wir zu Gott: „Wenn ich mich anstrenge, dann sollst du mir auch das geben, worum ich bitte." Aber so funktioniert das nicht bei Gott. Er möchte, dass wir loslassen – nicht nur unseren Besitz, sondern auch uns selbst. Er möchte, dass wir die Kontrolle über unser Leben an ihn abgeben. Bei ihm dürfen wir so sein, wie wir sind. Wenn wir aufgeben, übernimmt er die Kontrolle.

So können wir mit ihm gewinnen, indem wir verlieren!

* *nach Lukas 17,33*

48

Wer darf dich beurteilen?

Es war Erntedankgottesdienst in der Kirche. Am Anfang standen wir alle auf und sangen ein Kirchenlied mit zehn Strophen. Währenddessen kamen einige kleine Kinder herein mit Möhren, Äpfeln, Getreide, Weintrauben, Blumen und anderem Obst und Gemüse. Alle in der Kirche standen, während die Kinder die Gaben hereintrugen und sie auf den Altar legten.

Ganz vorne in der Kirche standen zwei 13- oder 14-jährige Mädchen. Ich glaube, sie gingen zum Konfirmandenunterricht, aber sie waren noch nicht so oft in einem Gottesdienst. Denn als die ganze Gemeinde sich hinsetzte, blieben die zwei Mädchen stehen. Sie standen da und schauten nach vorne und konzentrierten sich so sehr aufs Mitsingen, dass sie nicht bemerkten, dass wir anderen uns gesetzt hatten. Erst bei der achten Liedstrophe fiel ihnen auf, dass sie als Einzige noch standen. Sie setzten sich schnell hin und waren sehr beschämt.

Aber ich finde, sie hatten überhaupt keinen Grund, sich zu schämen! Was ist daran verkehrt zu stehen, während alle anderen sitzen? Ich hätte mir gewünscht, dass die beiden Mädchen sich nicht geschämt hätten, als sie sich hinsetzten.

Wir Menschen sind so abhängig davon, was andere sagen oder tun. Wir schauen viel zu sehr darauf, was andere tun, weil wir Angst davor haben aufzufallen. Ich finde es toll, wenn Menschen es wagen, ein bisschen anders zu sein als die allermeisten. Ich freue mich, wenn Menschen mutig sind und nicht danach schauen, was die anderen machen.

Ich finde, Paulus kann man sich da als Vorbild nehmen. Er schreibt: „Mir ist es egal, wie andere Menschen mich beurteilen. Ich selbst beurteile mich auch nicht. Entscheidend ist für mich allein, wie Gott mich beurteilt."*

Wir sollen uns natürlich nicht von anderen unterscheiden, nur um aufzufallen. Nein, das Wichtigste ist, dass wir wissen: Allein, was Gott über mich und mein Tun denkt, zählt! Das, was andere über mich sagen, ist nicht so wichtig.

Wenn du dich in allem, was du tust, von Gott beurteilen lässt, wirst du nicht so abhängig davon sein, was andere über dich denken. Denn in Gottes Augen bist du sein geliebtes Kind, und das ist das Wichtigste.

* nach 1. Korinther 4,3–4

Wir sind Staffelläufer

Ich finde, Staffellauf ist eine tolle Sportart. Dabei laufen nacheinander mehrere Läufer in einer Gruppe und geben einen Stab an den nächsten weiter. Es geht nicht darum, wer von ihnen am schnellsten ist, sondern darum, dass die ganze Gruppe schneller ist als die andere Gruppe. Staffellauf ist ein Sport, bei dem die Leistung des Einzelnen zwar sehr wichtig ist, aber noch wichtiger ist die Leistung der ganzen Gruppe. Besonders wichtig ist der Augenblick, in dem der eine Läufer den nächsten losschickt, indem er ihm den Stab weiterreicht. Ein guter Wechsel kann den Sieg sichern. Ein schlechter Wechsel kann den Sieg kosten.

Auch wir Christen laufen eine Art „Staffellauf": Es ist gut und wichtig, dass jeder Einzelne sein Bestes gibt; aber entscheidend ist es, dass die ganze Gemeinschaft gut zusammenarbeitet. Nun geht es bei der christlichen Gemeinschaft nicht darum, gegen andere Gruppen zu gewinnen. Im Gegenteil: Es geht darum, andere Menschen für Gott zu gewinnen – indem man erzählt, was man selbst von Gott bekommen hat.

Mit dieser Aufgabe bist du aber nicht allein. Es gibt noch andere in der Gruppe. Der eine ist vielleicht gut darin, mit Menschen, die Gott noch nicht kennen, in Kontakt zu kommen. Ein anderer ist sehr fürsorglich – er sorgt dafür, dass sich neue Menschen in der christlichen Gemeinschaft wohlfühlen. Und wieder ein anderer kann gut erklären, worum es beim christlichen Glauben geht. So hat jeder von uns seine ganz eigene Aufgabe, andere Menschen mit Gott bekanntzumachen.

Andere zum Glauben einladen bedeutet also, dass wir den Stab weitergeben. Die ersten Christen, von denen die Bibel berichtet, reichten den Stab an die Menschen in Israel weiter. Von dort wanderte der Stab weiter bis nach Äthiopien, Indien und Spanien. Später breitete sich das Christentum nach Norden aus, sodass auch die Menschen in Mitteleuropa von Jesus hörten. Seitdem ist der Staffelstab an die Menschen in Amerika, Afrika, Asien und Australien weitergegeben worden.

Und heute? Es ist die Aufgabe, dass wir – du und ich – den Stab weitergeben, und zwar dort, wo wir wohnen, in die Schule gehen, uns mit Freunden treffen. „Was für ein herrlicher Augenblick, wenn ein Bote kommt, der eine gute Nachricht bringt!" Überleg mal, wem du diese Woche etwas von Gott erzählen kannst!

* *Römer 10,15; Hfa*

Ein Ozean
in Gottes Hand

Der Pazifik ist das größte Meer der Welt. Der größte Ozean der Welt. Er füllt ungefähr ein Drittel der Erdoberfläche. Das ist riesig viel!

Stell dir vor, du würdest mit dem Schiff auf dem Pazifik fahren und plötzlich über Bord ins Wasser fallen, ohne dass es jemand merkt. Du würdest dann im weltgrößten Meer schwimmen. Würdest du Panik bekommen? Ganz sicher!

Manchmal kommt uns das Leben so vor, als wären wir über Bord gefallen und schwämmen in einem Ozean. Schrecklich!

Es gibt viele Dinge im Leben, die uns „über Bord" werfen können: Bei Ben war es ein Autounfall; nun muss er mehrere Monate im Rollstuhl sitzen. Emma wurde von ihrer besten Freundin im Stich gelassen, die nicht mehr mit ihr spielen will. Mattis hat die Zuckerkrankheit (Diabetes) bekommen; er muss jetzt den Rest seines Lebens Insulin nehmen. Hannas Eltern lassen sich scheiden, und Hanna muss deshalb die Schule wechseln.

Was Ben, Emma, Mattis und Hanna erlebt haben – und immer

noch erleben –, ist nicht schön. Sie fühlen sich so, als wenn sie aus dem sicheren, trockenen Schiff ins tiefe Meer geworfen worden wären. Vielleicht hast du dich auch schon mal so ähnlich gefühlt wie sie.

Aber in der Bibel steht etwas sehr Interessantes, nämlich, dass ein Ozean in Gottes Hand wie ein Schluck Wasser ist! Krass, oder? Da steht, dass Gott das Wasser in seiner hohlen Hand gemessen hat.*

Uns Menschen kommt ein Ozean riesig vor. Möglicherweise glauben wir auch, dass wir in dem unendlich großen Wasser ertrinken werden. Aber der Ozean plätschert in Gottes starker Hand wie ein Schluck Wasser hin und her! Kannst du dir das vorstellen? Und wenn ein Ozean für Gott so winzig klein ist, dann ist auch unsere Schwierigkeit, die wir gerade durchmachen müssen, sehr klein für ihn. Gott ist so viel größer als jedes Problem. Deshalb kann er uns helfen.

Es kann sein, dass Ben nur drei Wochen lang im Rollstuhl sitzen muss, und dass Emmas Freundin sich entschuldigt und gerne wieder mit ihr spielen will. Aber es kann auch sein, dass Mattis mit seiner Zuckerkrankheit sein Leben lang leben muss, und dass Hanna immer noch findet, dass alles sehr traurig ist und sie es auf der neuen Schule nicht leicht haben wird.

Aber egal, ob Gott uns ein Problem wegnimmt oder uns durch das Problem hindurchhilft: Wir sind in seiner großen, starken Hand geborgen.** Er hilft uns. Das hat er selbst versprochen!

* Jesaja 40,12
** Psalm 139,3

Halte durch!

Wenn du einen Wettkampf in Badminton, Schwimmen oder irgendeiner anderen Sportart gewinnen willst, musst du Ausdauer üben. Natürlich ist es ein großer Unterschied, ob es um eine lokale Tischtennismeisterschaft, einen Marathon oder die Olympischen Spiele geht. Aber kein Sportler gewinnt ohne Ausdauer.

Es gibt viele Dinge, die man aushalten muss, wenn man gewinnen will. Zuallererst muss man den Widerstand der Konkurrenten oder der gegnerischen Teams aushalten. Darum geht es beim Sport ja eigentlich. Man muss auch lernen, Schmerz auszuhalten: Die Muskeln tun weh, und vielleicht bekommt man beim Wettkampf auch mal blaue Flecken. Man muss auch Nein sagen können, zum Beispiel, wenn einem zu viel Süßes angeboten wird. Denn durch Süßigkeiten nimmt man schnell zu und wird müde, und das erschwert das Kämpfen. Und ja, man muss auch Buh-Rufe und Spott von den Zuschauern aushalten.

Genauso wie bei einem Wettkampf ist es auch im großen Sportkampf des Lebens, an dem wir alle teilnehmen. Bei diesem

Sportkampf geht es nicht darum, wer am besten Tennis spielt oder wer am schnellsten rennen kann, sondern um etwas ganz anderes: Es geht darum, einen fantastischen Preis zu gewinnen, nämlich ein Leben in enger Gemeinschaft mit Gott – eine ganze Ewigkeit lang. Um diesen Preis zu holen, müssen wir Ausdauer haben. Wir müssen auf Widerstände vorbereitet sein. Wir müssen Schmerzen aushalten. Gott kann manchmal zulassen, dass wir krank werden oder in eine schwierige Situation geraten. Wir müssen manchmal auch auf etwas verzichten, weil die Sache mit Gott einfach wichtiger ist als zum Beispiel ein neues T-Shirt zu kaufen. Wir müssen auch den Spott von anderen Menschen aushalten. Manche schütteln vielleicht den Kopf über uns, weil wir an Gott glauben.

Jesus sagt: „Seid standhaft, und ihr werdet euer Leben gewinnen."* Und Jesus weiß, wovon er spricht. Keiner hat größeren Widerstand, heftigere Schmerzen und größeren Spott erlebt als er. Keiner hat größere Opfer für den Sieg gebracht als er.

Darum: Halte durch, damit du gewinnst!

* *Lukas 21,19*

Vertrauen auf Gott

Dort, wo ich wohne, gibt es viele Bahnübergänge. Wenn ich mit dem Auto auf einen Bahnübergang zufahre, denke ich manchmal: *Ob jetzt vielleicht ein Zug kommt?* Aber wenn die Schranken offen sind und die roten Lichter nicht blinken, fahre ich über die Schienen, ohne aufzupassen, ob eine Bahn kommt. Wenn ich den Schranken und den roten Blinklichtern nicht vertrauen würde, hätte ich große Schwierigkeiten, in meiner Heimat herumzufahren.

Auch in vielen anderen Bereichen ist Vertrauen wichtig: Ich vertraue darauf, dass der Busfahrplan stimmt, darum richte ich meine Reise danach. Ich vertraue darauf, dass ein Zwanzig-Euro-Schein den Wert hat, der draufsteht, auch wenn er nur ein Stück Papier ist. Ich vertraue darauf, dass die Brücke stabil gebaut ist, sodass ich darüberfahren kann.

Noch wichtiger ist es, dass wir anderen Menschen vertrauen können. Kinder vertrauen ihrer Mutter, wenn sie verspricht, innerhalb einer Stunde wieder zu Hause zu sein. Eltern müssen ihren Kindern vertrauen, dass sie nicht zu Fremden ins Auto steigen. Ein Baby im Arm eines Vaters muss vertrauen können, dass es nicht fallen gelassen wird.

Das alles ist so selbstverständlich, dass wir nicht groß darüber nachdenken. Ohne Vertrauen könnten wir einfach nicht unser alltägliches Leben führen.

Auch unsere Beziehung zu Gott baut auf Vertrauen auf. Im Grunde ist es genauso wie das Vertrauen, das wir in Dinge oder Menschen haben. Es gibt aber zwei Unterschiede:

Erstens ist Gott unsichtbar, während Bahnübergänge, Geldscheine und andere Menschen ja sichtbar sind. Das *ist* eine Schwierigkeit. Denn woher können wir wissen, dass Gott keine Einbildung ist? Das ist eine wichtige Frage. Die Antwort ist: Es ist keine Einbildung, weil Gott sich den Menschen gezeigt hat, als Jesus Christus auf die Erde kam. Paulus schreibt: „Durch Jesus können wir Vertrauen zu Gott haben."* Jesus hat sichtbar als Mensch auf der Erde gelebt.

Der zweite Unterschied zwischen dem Vertrauen in Dinge oder Menschen und dem Vertrauen in Gott ist: Alles auf der Welt kann versagen. Die Schranken und die Blinklichter können kaputtgehen; und dann kann ich getötet werden, wenn ich über die Schienen fahre. Das Geld kann seinen Wert verlieren. Die Mutter kann ihr Versprechen, innerhalb einer Stunde zurück zu sein, brechen. Aber Gott bricht niemals sein Versprechen und verlässt uns nie. Er passt immer auf uns auf. Er verliert nicht seinen Wert. Er geht nicht kaputt und wird auch nie krank. Er ist in jeder Sekunde unseres Lebens vertrauenswürdig.

* *nach 2. Korinther 3,4*

Manche Pflanzen sollte man nicht gießen

Pflanzen brauchen Wasser zum Wachsen. Darum gießen wir sie. Aber das Unkraut gießen wir nicht – damit es verwelkt. Doch manchmal wächst das Unkraut trotzdem weiter, weil es tiefe Wurzeln hat und in der Erde Wasser findet.

Unser Leben ist wie ein Garten; es wachsen viele Pflanzen darin. Es gibt Pflanzen, die heißen „Freundlichkeit", „Fürsorge" und „Liebe". Die sollen wir gießen und pflegen. Aber es gibt auch Unkraut in unserem Garten, zum Beispiel Pflanzen, die „Zorn" oder „Lüge" heißen. Die sollten wir auf keinen Fall gießen, sondern dafür sorgen, dass sie verwelken. Das ist nicht immer so einfach, weil Unkraut sehr hartnäckig ist. Deshalb brauchen wir ein „Unkrautbekämpfungsmittel".

Und wie bekämpft man nun die Unkrautpflanzen, also die Sünde, in seinem Leben?

Ein Unkrautbekämpfungsmittel heißt: „Ich weiß, dass Gott mich liebt, auch wenn ich Fehler mache." Dieses Wissen gibt uns Kraft und Mut, das Unkraut zu bekämpfen.

Ein weiteres Mittel heißt: „Ich tue etwas dagegen". Wenn du leicht jähzornig wirst, solltest du dich von den Menschen fernhalten, die dich sehr schnell zornig machen. Wenn du leicht versucht wirst zu lügen, dann denk doch mal darüber nach, warum es so wichtig ist, ehrlich zu sein.

Das allerbeste Unkrautbekämpfungsmittel heißt „Gottes Vergebung". Nur die Kraft Gottes kann die Unkrautpflanzen in uns so richtig ausrotten. „Wenn wir ihm unsere Sünden bekennen, ist er treu und gerecht, dass er uns vergibt und uns von allem Bösen reinigt."*

Deshalb komme immer wieder zu Gott. Seine Vergebung wird das Unkraut aus deinem Herzen rausreißen. Bei Gott kannst du immer wieder neu anfangen.

* 1. Johannes 1,9; NL

Die „drei Beine" Gottes

Weißt du, was ein Vermessungstechniker macht? Wenn eine neue Straße gebaut werden soll, vermisst er das Land, sodass man danach genau weiß, wo die Straße langgehen soll. Der Vermessungstechniker benutzt ein Instrument, das wie ein Fernglas und zugleich wie ein Fotoapparat funktioniert. Das Gerät muss natürlich beim Messen stabil stehen. Darum steht es auf drei Beinen. Wenn man ein Bein – oder gar zwei Beine – absägen würde, würde das Gerät umfallen.

Auch Gott ist „dreibeinig" – natürlich hat er nicht drei richtige Beine, aber es gibt bei ihm drei Sachen, die ganz fest zusammengehören. Christen sagen deshalb, Gott ist „dreieinig": Er besteht aus dem Vater, seinem Sohn Jesus und dem Heiligen Geist.*

Es ist wichtig, dass wir keines dieser drei „Beine" Gottes vergessen.

Wenn wir vergessen, dass Gott unser **Vater** ist, sehen wir nicht, dass Gott unser Schöpfer ist und er uns liebt. Wir vergessen, woher wir kommen und wo wir hingehören.

Wenn wir vergessen, dass Gott in **Jesus Christus** zu uns gekommen ist, vergessen wir, dass er uns gerettet hat.

Wenn wir den **Heiligen Geist** vergessen, bleibt Gott für uns ganz weit weg. Der Heilige Geist sorgt nämlich dafür, dass wir Gott wirklich hautnah erfahren können.

Alle drei Beine am Apparat des Vermessungstechnikers sind gleich wichtig. Sonst würde er nicht stabil stehen bleiben. Auch Gott-Vater, sein Sohn Jesus und der Heilige Geist sind gleich wichtig. Denn sonst wäre Gott nicht vollständig.

* *Matthäus 28,19*

Ein seltsamer Busfahrer

Heute möchte ich dir von einem seltsamen Busfahrer erzählen. Er liebte seinen Bus sehr. Der Bus war sauber und schön, und es waren nie laute Schulkinder darin. Im Sommer war der Bus schön kühl und im Winter war er herrlich warm – denn der Busfahrer öffnete nie die Türen. Das war nämlich das Seltsame an diesem Busfahrer: Er kümmerte sich nicht um die Passagiere. Er ließ keinen in den Bus rein. Er fuhr zwar die Bushaltestellen an, aber es musste ja nie jemand aussteigen. Und nie machte er die Türen auf für die Leute, die warteten. Er fuhr einfach weiter, und freute sich darüber, wie schön es war, einen leeren Bus zu fahren.

Natürlich wurde ihm gekündigt. Denn so etwas kann man als Busfahrer ja nicht machen. Die Busgesellschaft verdiente ja auch kein Geld mit ihm.

Manche von uns ähneln diesem Busfahrer. Sie möchten am liebsten ohne all die hinderlichen Mitmenschen „durchs Leben fahren". Die anderen Menschen sind ihnen egal. Denn sie sind ja so lästig!

Wenn wir anfangen, wie der seltsame Busfahrer zu werden, können wir nur hoffen, dass jemand so fest an die Tür klopft, dass wir ihn einfach reinlassen müssen. Und wenn wir sehen, dass einer unserer Mitmenschen gerade dabei ist, dem seltsamen Busfahrer immer ähnlicher zu werden, müssen wir an dessen Tür klopfen – so lange, bis er uns reinlässt. Denn genauso, wie ein Bus und ein Busfahrer für die Passagiere da sein soll, so sollen wir auch füreinander da sein.

Jesus ist übrigens genau das Gegenteil von diesem seltsamen Busfahrer. Er möchte gerne alle dabeihaben. Er hält an allen Haltestellen, macht die Türen auf und sagt: „Kommt doch rein, ich habe auch schon das Ticket für euch bezahlt."

Der Apostel Paulus erinnert uns daran, es so zu machen wie Jesus: „Nehmt einander an, so wie Christus euch angenommen hat. Auf diese Weise wird Gott geehrt."*

* Römer 15,7; Hfa

Gott oder Götze?

„Du sollst keine anderen Götter haben neben mir."* So heißt das erste der Zehn Gebote.

Nun denkst du vielleicht, ein Götze ist eine Figur, die man aus Holz, Stein oder Metall macht. Oder ein Baum oder die Sonne – wenn man sie anbetet. Wenn Götzen nur solche Dinge wären, könnten wir leicht sagen: „Nein, wir haben außer dir keine anderen Götter!" Denn die wenigsten von uns beten ja solche Götzen an.

Aber Götzen können auch ganz andere Dinge sein. Götzen sind nämlich all das, von dem wir glauben, es schenke uns Glück. Solche Götzen können die Dinge sein, die wir besitzen; aber auch unser Aussehen oder unsere Stellung bei unseren Freunden kann zu einem Götzen werden. Wenn wir dazu verleitet werden zu glauben, Dinge oder Menschen seien so gut wie Gott, dann haben wir sie zu einem Götzen gemacht.

Unser Geld und unser Besitz scheinen uns Glück zu schenken. Wir finden es toll, wenn wir das neueste Computerspiel, die schickesten Klamotten oder ein cooles Fahrrad haben. Aber was hilft das, wenn man schwerkrank wird oder jemanden, den man liebt, verliert? Dinge können uns ein bisschen glücklicher machen, wenn es uns ansonsten gut geht. Aber wenn es uns schlecht geht, sind sie nutzlos.

Ohne Zweifel ist es schön, gute Freunde zu haben. Oder ein schickes T-Shirt oder tolle Computerspiele. Aber all das wird nicht ewig bleiben. Ewig bleibt nur Gott. Deshalb ist es entscheidend, ob du zu ihm hältst. Er ist nämlich der Einzige, der wirklich Gott sein kann. Er ist auch da, wenn das Leben wehtut. Er schenkt dir Glück, das tiefer ist als das Glück, das Dinge oder Menschen dir geben können. Und Gott trägt dich einmal durch den Tod ins ewige Leben.

Paulus sagt es so: „Jesus Christus, meinen Herrn, zu kennen ist etwas so unüberbietbar Großes, dass ich, wenn ich mich auf irgendetwas anderes verlassen würde, nur verlieren könnte." **

* 2. Mose 20,3
** Philipper 3,8; NGÜ

66

Der Heilige Geist als Fensterputzer

Ich kenne einen Fensterputzer. Er hat schon Tausende Fenster geputzt. Einige davon waren vorher fast noch sauber, andere total dreckig. Manche Fenster sind alt, sodass mein Freund beim Putzen sehr vorsichtig sein muss. Andere Fenster sind neu und können mehr aushalten. Er hat schon oft die gleichen Fenster geputzt, denn Fenster müssen immer und immer wieder geputzt werden. Aber es ist schön, wenn sie sauber sind. Dann kann man das, was draußen ist, klarer sehen.

Der Heilige Geist ist wie ein Fensterputzer. Seine Aufgabe ist es, die Fenster unseres Lebens zu putzen, damit wir alles klarer sehen können.* An manchen Stellen haben wir viel Dreck, an anderen Stellen nicht so viel. Aber Fakt ist: Wir brauchen immer wieder jemanden, der uns hilft, den Durchblick zu bekommen.

Gottes Heiliger Geist hilft uns zu sehen, wie fantastisch es ist, dass wir von Gott geschaffen sind. Viele Kinder denken, dass etwas an ihnen falsch ist. Dass sie zu dick oder zu dünn sind. Zu schlecht zum Fußballspielen oder zu unbegabt, um Freunde zu finden. Aber wenn der Heilige Geist deine Fenster putzt, dann siehst du glasklar, dass Gott dich geschaffen hat und du von ihm gewollt und geliebt bist.

Der Heilige Geist will dir auch einen klaren Blick dafür geben, dass nicht alles, was du denkst und tust, richtig ist. Es tut weh zu merken, dass man vor Gott schuldig geworden ist. Trotzdem ist es gut, das klar zu erkennen. Denn nur so kannst du Gott dann auch um Entschuldigung bitten.

Gottes Fensterputzer ist es aber am allerwichtigsten, dir zu zeigen, dass Gott dich so sehr liebt. Er möchte dir sagen: „Gott hat dich geschaffen. Und er hat auch für dein Leben bezahlt – mit seinem Leben. Jesus ist für dich gestorben, weil er dich so unendlich liebt und dich für alle Zeiten in seiner Nähe haben will."

Der Heilige Geist ist großartig darin, das Fenster zu putzen, vor dem Jesus steht. Er selbst ist nämlich das Wichtigste auf der ganzen Welt, das wir sehen sollen.

* *siehe Johannes 16,8–15*

Gott ist dir ganz nah

Kannst du dich daran erinnern, wie es war, in den Kindergarten gebracht zu werden und nachmittags wieder nach Hause zu kommen? Viele Kinder müssen sich bereits im Alter von ein paar Monaten daran gewöhnen, einen Teil des Tages weg von zu Hause zu sein – bei der Tagesmutter oder in der Krippe und später dann im Kindergarten.

Jetzt, wo du in der Schule bist, verlässt du täglich dein Zuhause. Du gehst morgens aus dem Haus und kommst mittags oder nachmittags wieder heim. Nachmittags gehst du vielleicht von zu Hause weg, um deine Freunde zu besuchen oder in den Sportverein zu gehen. Ganz bestimmt bist du es gewöhnt, auch längere Zeit von zu Hause weg zu sein, zum Beispiel, wenn du deine Großeltern besuchst oder auf eine Ferienfreizeit fährst.

Aber niemand ist immer im Urlaub, immer bei den Großeltern, immer in der Grundschule. Irgendwann ist die Zeit vorbei, und es verändert sich etwas: Du fährst nach Hause zurück, du kommst vom Kindergarten in die Schule, von der Grundschule auf die weiterführende Schule … Irgendwann wird deine Schulzeit zu Ende sein und für dich die Zeit des Berufs beginnen. In unserem ganzen Leben gehen immer wieder Dinge zu Ende, und es beginnt dann etwas Neues.

Immer, wenn in unserem Leben eine neue Zeit beginnt – oder eine Zeit zu Ende geht, ist Gott bei uns. Es kann schwer sein, etwas Neues anzufangen oder etwas zu beenden und „Auf Wiedersehen" zu sagen. Gerade in diesen Veränderungszeiten will Gott uns ganz nahe sein. So steht es in der Bibel: „Der Herr wird euch segnen, wenn ihr nach Hause kommt und wenn ihr wieder aufbrecht."* Und an einer anderen Stelle: „Der Herr behütet dich, wenn du kommst und wenn du wieder gehst, von nun an bis in Ewigkeit."**

Was auch immer an Neuem vor dir liegt: Hab keine Angst. Gott begleitet dich. An jedem Tag. Und auch, wenn du eines Tages aus diesem Leben hinaus- und in das ewige Leben hineingehst.

* 5. Mose 28,6; Hfa
** Psalm 121,8; NL

Steckst du manchmal in einer Sackgasse?

Ich habe mal in einer Sackgasse gewohnt. Nur leider wussten das die Navigationsgeräte nicht. Sie erzählten dem Fahrer immer, dass man hier durchfahren könne. Die Autos fuhren die lange, schmale Schotterstraße bis zum Ende, um dann vor einer Schranke zu stehen, an der sie nicht vorbeifahren konnten. Und bei der Schranke war es nicht leicht zu wenden. Mit der Zeit entstand dort ein Matschloch, in dem manche Autos sogar steckenblieben.

Die Stadt und wir Anwohner stellten deshalb Schilder auf, die darüber informierten, dass die Straße eine Sackgasse ist. Zu manchen Zeiten gab es sieben solcher Schilder auf den ersten hundert Metern der Straße! Trotzdem verließen sich die Leute blind auf ihre Navis und fuhren einfach weiter. Wie ärgerlich für sie – und für uns, denn unser Schotterweg wurde durch die vielen Autos immer mehr kaputtgemacht.

Man kann sich darüber wundern, warum die Autofahrer ihrem Navigationsgerät mehr vertrauten als den Schildern, die ihnen sagten: Hier geht's nicht weiter! Aber sie taten es trotzdem. Na ja, inzwischen sind die Navis aktualisiert worden, sodass das Problem jetzt nicht mehr so groß ist.

An der Sache mit den Navis erkennst du, wie leicht es ist, Menschen auf den falschen Weg zu führen. Das gilt nicht nur für Straßen, sondern auch für unser Leben. Denn auch in unserem Leben gibt es Wege, die zum Ziel führen, und „Sackgassen". Genauso, wie die Autofahrer nicht sehen wollten, dass sie in eine Sackgasse fuhren, wollen wir oft nicht sehen, dass wir Fehler machen. „Er hat angefangen zu hauen!", sagen wir. Oder: „Ich konnte nichts dafür, dass Sofies Handy kaputt ging, als ich es fallen gelassen habe!" Oder: „Es ist nicht so schlimm zu lügen, denn das tun ja alle."

Aber solche Sätze sind wie Sackgassen: Wir kommen nicht weiter. Wir stecken fest. Ausreden und Anschuldigungen bringen uns nicht weiter. „Wenn wir sagen, dass wir nie Fehler machen und immer die anderen die Schuld haben, führen wir uns selbst in eine Sackgasse und die Wahrheit ist nicht in uns."*

Nur wenn wir zugeben, was wir Falsches gesagt oder getan haben, und Gott und andere um Verzeihung bitten, können wir die Sackgassen umfahren – und die Straßen in unserem Leben langfahren, auf denen es vorwärtsgeht!

* *nach 1. Johannes 1,8*

Wie im Himmel

Kürzlich habe ich Erdbeeren geerntet – auf einem riesigen Feld zum Selberpflücken. Hm, ist das schön, den Korb zu füllen und dabei immer wieder eine Erdbeere in den Mund wandern zu lassen!

In meiner Nähe waren eine ältere Frau und ihre zwei Enkel. Immer wieder konnte ich die begeisterten Rufe der Kinder hören: „Oma, komm hierher! Das ist ja wie im Himmel!" Das riefen sie immer dann, wenn sie eine Stelle mit richtig vielen roten Erdbeeren gefunden hatten. Dann kam die Oma dorthin und pflückte, während die Kinder einen Augenblick dasaßen und die Beeren genossen. Aber irgendwann waren alle reifen Erdbeeren geerntet, und sie mussten sich einen neuen „Himmel" suchen.

Nun ist der Himmel natürlich kein Erdbeerfeld. Oder besser gesagt: Er ist viel mehr als ein Erdbeerfeld.

Gott möchte, dass es uns gut geht. Darum lässt er uns oft „den Himmel auf Erden" erleben. Das kann im Sommer ein Erdbeerfeld und im Winter ein Berg zum Schlittenfahren sein. Oder ein schönes Geburtstagsfest im Frühling oder ein spannendes Buch an einem trüben Herbsttag.

Man kann unendlich viele Vergleiche dafür finden, wie gut Gott zu uns ist. Wenn wir uns bewusst machen, wie großartig Gott für uns sorgt, dann wird uns klar: Wir schwimmen buchstäblich in Gottes Güte!

Trotzdem wird es hier auf der Erde nie wie im Himmel sein. Weil hier nichts ewig bleibt. Und weil die Freude auf dieser Welt immer mit Leid vermischt ist. Aber in Gottes Himmel ist das ganz anders. Da bleibt das Gute ewig und alles Leid ist weg. „Die Wohnung Gottes ist nun bei den Menschen. Gott wird alle ihre Tränen abwischen, und es wird keinen Tod mehr geben."* Gottes Wohnung ist der Himmel. Wenn also in der Bibel steht, dass Gottes Wohnung bei den Menschen sein soll, dann wird der Himmel bei den Menschen sein.

Das Wichtigste in einem Haus sind nicht die Möbel oder das Spielzeug, sondern die Menschen, die darin wohnen.

Das Wichtigste in Gottes Haus sind nicht all die schönen Dinge, die es dort gibt – zum Beispiel Erdbeeren, Geburtstagsfeste oder spannende Bücher (denn ich bin überzeugt, dass es das alles im Himmel gibt!). Nein, das Wichtigste im Haus Gottes ist Gott selbst: Er ist es, der aus dem Himmel so einen wunderbaren Ort macht. Und das Zusammensein mit ihm wird das Schönste sein. Da werden wir sehen, hören, spüren, schmecken und riechen, dass Gott gut ist.

* Offenbarung 21,3–4; NGÜ

Hast du geschlafen
und getrunken?

Niklas war auf einer Ferienfreizeit, und das fand er richtig toll. Aber eines Morgens ging es ihm sehr schlecht. Er war so schlapp, dass er nicht aufstehen konnte. Niklas' Freunde gingen darum zu einem der Mitarbeiter und erzählten, dass ihr Freund krank sei. Der Mitarbeiter ging zu Niklas und maß Fieber, aber er hatte keins. Dann fragte er ihn: „Wie viel hast du heute Nacht geschlafen? Und wie viel hast du seit gestern getrunken?"

Niklas war ehrlich und antwortete: „Ich habe nicht besonders viel geschlafen, und ich habe seit gestern Nachmittag nichts mehr getrunken."

„Dann kann ich mir vorstellen, dass es dir schlecht geht", sagte der Mitarbeiter. „Nun trink erst mal einen halben Liter Wasser und schlaf drei, vier Stunden. Dann sehen wir weiter."

Zur Mittagszeit war Niklas wieder gesund.

Niklas hatte nicht beachtet, dass sein Körper Flüssigkeit und Schlaf brauchte, um fit zu bleiben. Und deshalb wurde ihm schlecht.

Hast du auch schon mal etwas Ähnliches wie Niklas erlebt – zum Beispiel stundenlang herumgetobt, ohne zu merken, dass du eigentlich völlig k. o. bist und Ruhe brauchst? Oder du hast bei einem Fußballspiel im Freien schon mal vergessen, genug zu trinken, und irgendwann hast du dich dann ganz schlapp gefühlt?

Schule, Hausaufgaben, Fußball, Jungschar, Chor ... Wir haben alle jeden Tag eine Menge vor. Aber wir brauchen auch genug Schlaf – und tagsüber immer wieder Zeit, in der wir entspannen können. Entspannen können wir uns zum Beispiel, indem wir uns freuen, dass wir bei Jesus einfach da sein dürfen, ohne ständig etwas *tun* zu müssen. Jesus sagt uns: „Kommt alle her zu mir, die ihr immer so viel zu tun habt und euch anstrengt! Ich werde euch Ruhe geben."*

Wir brauchen jeden Tag auch genügend Nahrung und Flüssigkeit – aber nicht nur unseren Körper müssen wir gut versorgen. Auch unsere Seele hat Durst. Diesen Durst möchte Jesus stillen. Er nennt das, was er uns geben will, „lebendiges Wasser". Er sagt: „Wer von dem Wasser trinkt, das ich ihm gebe, der wird nie wieder Durst bekommen. Dieses Wasser wird in ihm immer weiter sprudeln und ihm ewiges Leben schenken."**

Von dem lebendigen Wasser, das Jesus uns schenkt, sollten wir jeden Tag „trinken". Jesus erfrischt uns immer wieder und gibt uns neue Kraft. Er möchte den Durst unserer Seele löschen. Das heißt, er möchte sich um das kümmern, was wir ganz tief in unserem Innersten brauchen.

Wenn du jeden Tag von diesem lebendigen Wasser trinkst, wirst du irgendwann merken, dass Jesus dir mehr schenkt, als du selbst trinken kannst. Er gibt dir genug von seinem Lebenswasser, damit du auch anderen etwas davon abgeben kannst. Wenn du für andere da bist, wirst du zu einer Art Wasserquelle für sie. Also: Nimm deinen Eimer und renne damit jeden Tag zu Jesus! Lass ihn deinen Eimer füllen. Und das, was von dem Wasser übrigbleibt, gib an jemanden weiter, der auch Durst hat.

* nach Matthäus 11,28
** nach Johannes 4,14

Rote Lichter im Nebel

Einmal sollte ich einen Vortrag in einer anderen Stadt halten, die mehrere hundert Kilometer von meinem Wohnort entfernt lag. Der Wecker klingelte frühmorgens um 4 Uhr. Meine Frau sollte mich zum Bahnhof fahren, damit ich einen sehr frühen Zug erreichen konnte. Normalerweise brauchen wir bis zum Bahnhof eine halbe Stunde mit dem Auto.

Als ich aufwachte und aus dem Fenster schaute, sah ich mit großem Schrecken, dass alles voller dichtem Nebel war! Ich beeilte mich und weckte meine Frau, damit wir so schnell wie möglich losfahren konnten. Aber auf der Autobahn sahen wir dann, wie dicht der Nebel tatsächlich war. Wir konnten nur sehr, sehr langsam fahren. Ich sah auf die Uhr und rechnete mir schnell aus, dass ich den Zug nicht erreichen und zu spät kommen würde. Und so etwas ist peinlich, wenn achthundert Menschen auf einen warten!

Genau in diesem Moment überholte uns ein Lastwagen. Er hatte sehr starke Nebelscheinwerfer, und der Fahrer saß höher,

78

sodass er viel schneller als wir fahren konnte. Da traf ich eine Entscheidung: Ich beschleunigte und fuhr immer hinter dem Lastwagen her. Ganz fest schaute ich auf die roten Rücklichter des Lasters. Sollte tatsächlich ein entgegenkommendes Fahrzeug auf unsere Fahrbahnseite geraten, würde es zuerst auf den Lastwagen prallen. Ich war sicher hinter dem großen Lastwagen und fuhr doppelt so schnell, als ich sonst hätte fahren können!

Und stell dir vor: Der Lastwagen hatte den gleichen Weg wie ich! Erst einen Kilometer vor dem Hauptbahnhof bog er ab, aber da waren wir bereits mitten in der Stadt, wo es viele Lichter gab und man besser sehen konnte. Und das Beste von allem: Ich erreichte meinen Zug noch!

Dieses Erlebnis ist für mich ein starkes Bild dafür geworden, was es bedeutet, Jesus nachzufolgen. Nicht nur auf der Straße, sondern auch in unserem Leben gibt es immer wieder Nebel. Wir sehen nicht, wo es weitergeht. Wir haben Angst vor dem, was uns begegnen könnte, zum Beispiel Krankheit, Einsamkeit, Enttäuschungen oder Tod.

Darum ist es gut, hinter einem großen Lastwagen durchs Leben zu fahren, auf dessen roten Rücklichtern der Name „Jesus" steht. Jesus kann nämlich viel weiter sehen als wir. Er sieht die Zukunft schon ganz deutlich. Er kann uns sicher durch den Nebel führen – wenn wir uns an ihn halten und ihm vertrauen.

Jesus sagt: „Folge mir nach!"*

* Markus 2,14

Der Ironman

Ein Ironman besteht aus 3800 Metern Schwimmen, 180 Kilometern Radfahren und einem Marathonlauf von etwa 42 Kilometern Länge. Der Weltrekord der Männer liegt bei etwa sieben Stunden und 45 Minuten. Das heißt: Jemand hat es geschafft, in knapp acht Stunden alle drei Aufgaben zu schaffen. Es erfordert Tausende Stunden Training, um einen so harten Wettkampf durchzuhalten. Und es ist auch wichtig, dass man die Regeln befolgt, zum Beispiel:

- Die drei Disziplinen Schwimmen, Radfahren und Laufen müssen ohne Pausen durchgeführt werden, aber man darf unterwegs Kleidung und Schuhe wechseln.
- Man muss beim Schwimmen eine Badekappe tragen.
- Beim Marathon muss man laufen oder gehen, aber man darf nicht auf allen Vieren krabbeln.

Diese Regeln – und viele andere Regeln – muss man befolgen, sonst kann man nicht gewinnen. Das steht auch in der Bibel: „Ein

Sportler kann einen Siegeskranz nur gewinnen, wenn er sich an die Wettkampfregeln hält."* Natürlich gab es zu den Zeiten, als der Apostel Paulus lebte, noch keinen Ironman, aber man kannte andere Sportwettkämpfe. Doch immer galt: Du kannst nicht gewinnen, wenn du dich nicht an die Regeln hältst.

Das Leben ist wie ein Ironman. Diesen Ironman hat sich Gott ausgedacht. Und er hat auch die Regeln aufgestellt. Zum Beispiel:

Du sollt keine anderen Götter neben mir haben! Es gibt nämlich nur einen, der wirklich Gott sein kann. Das ist der Gott der Bibel. Wenn wir versuchen, andere Dinge (wie zum Beispiel Geld oder Besitz) zu einem Gott zu machen, dann ist das so, als ob wir beim Marathon in die falsche Richtung laufen.

Behandle andere so, wie du von ihnen behandelt werden willst! Das heißt: Versetze dich in den anderen hinein. Wenn du zum Beispiel überlegst, ob du jemandem etwas ausleihen sollst, dann frag dich, was du wünschen würdest, wenn du derjenige wärst, der von einem anderen etwas ausleihen will.

Nur wer an Jesus glaubt, kann gewinnen. Das ist die wichtigste „Regel". Weil wir Gottes andere Regeln immer wieder brechen, ist unsere einzige Möglichkeit, den großen Ironman des Lebens zu gewinnen: daran zu glauben, dass Jesus den harten Wettkampf für uns gewonnen hat. Und damit ist Gottes Ironman natürlich etwas ganz anderes als der normale Ironman.

* *2. Timotheus 2,5; Hfa*

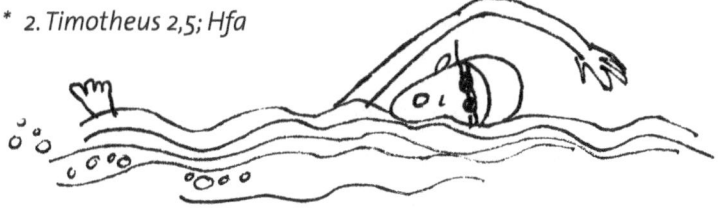

Ich hänge an Gott fest

Ein Spinnennetz ist ein großartiges Kunstwerk in der Natur. Die Spinne macht ihr Netz mit Hilfe eines dünnen, aber starken Fadens, der aus einer Drüse in ihrem Bauch kommt. Das Netz ist ein perfektes Fanginstrument. Eine Fliege, die hineingerät, hat keine Chance mehr.

Manchmal sieht man ein Spinnennetz über einer Einfahrt oder einem Gartenweg. Es scheint, als würde es in der Luft hängen. Aber das tut es nicht. Wenn du genau hinschaust, siehst du ein paar wenige Fäden, die nach oben und nach unten führen. Daran hängt das Spinnennetz. Wenn man ein paar Fäden mitten im Spinnennetz kaputtmacht, dann fällt es trotzdem nicht runter. Aber wenn man die wenigen Fäden zertrennt, an denen es hängt, ist das Spinnennetz erledigt.

Soll ich dir was sagen? Wir Menschen sind ein noch viel größeres Kunstwerk als ein Spinnennetz! Aber es gibt etwas, das haben wir mit einem Spinnennetz gemeinsam: Wir schweben nicht in der Luft, sondern hängen irgendwo fest. Wo? An Gott!

Jeder Mensch hängt mit zwei Fäden an Gott:

Erstens: dem Faden der Schöpfung; jeder Mensch ist von Gott geschaffen worden.

Zweitens: dem Faden des Lebens, denn Gott hält uns in jeder Sekunde lebendig.

Aber Gott wünscht sich, dass wir noch mit einem dritten Faden an ihm hängen: dem Faden der Erlösung. Diesen Faden machte er, als Jesus auf die Erde kam, um die Menschen zu retten. Das ist der stärkste Faden, denn wer mit diesem Faden an Gott hängt, bleibt auch an ihm dran, wenn er stirbt.

Danke doch heute mal Gott dafür, dass du durch drei unsichtbare, aber starke Fäden mit ihm verbunden bist: den Faden der Schöpfung, den Faden des Lebens und den Faden der Erlösung. Du kannst zusammen mit dem Psalmdichter David sagen: „Gott, meine Seele hängt an dir; deine rechte Hand hält mich fest."*

* *nach Psalm 63,9*

Dein großer Papa

Wir werden Gott niemals verstehen. Denn er ist ja Gott, und wir sind nur Menschen. Aber wir können trotzdem einen Eindruck davon bekommen, wie groß Gott ist – durch das, was in der Bibel über ihn steht. Da steht zum Beispiel:

*Wer kann mit der hohlen Hand das Wasser des Meeres abmessen, mit der Spanne seiner Hand den Umfang des Himmels bestimmen? Wer kann den Boden, der die Erde bedeckt, in Eimer abfüllen oder die Berge und Hügel auf der Waage abwiegen? ***

In diesen Zeilen werden drei Dinge über Gott gesagt:

Erstens: Gott kann alles Wasser auf der Erde in seiner hohlen Hand halten. Die Nordsee, die Ostsee, den Pazifik und alle anderen Meere; alle Seen, alle Flüsse und alle Bäche; all das Wasser in unseren Häusern! All dieses Wasser passt in Gottes hohle Hand. So große Hände hat Gott. So groß ist er.

Zweitens: Der Himmel ist so klein für Gott, dass er ihn mit dem

Abstand zwischen seinem ausgestreckten Daumen und Zeige-finger messen kann. Der Himmel ist unendlich groß. Er hat kei-nen Anfang und kein Ende. Wissenschaftler sagen sogar, dass das Weltall sich immer weiter ausdehnt. Es gibt Millionen Ster-ne. Manche sind schon vor vielen tausend Jahren erloschen – aber ihr Licht ist immer noch auf dem Weg zu uns. Für uns ist der Himmel riesig und unfassbar, für Gott aber ganz klein. Er hat ihn selbst geschaffen!

Drittens: Alle Erde, der ganze Sand und alle Steine, die es auf der Erde gibt, sind für Gott nur ein paar Schubkarren voll. Und Gott kennt das genaue Gewicht jedes einzelnen Berges auf der Welt! Wir können so etwas nur grob schätzen. Der höchste Berg in Deutschland ist die Zugspitze. Überleg mal, wie schwer dieser Berg ist. Gott weiß ganz genau, wie viel er wiegt. Und er kennt auch das Gewicht des höchsten Berges der Welt – des Mount Everest. Und er weiß auch, wie schwer der Mond ist!

Das sind alles großartige Dinge, die in diesem Bibelvers über Gott gesagt werden! Das Großartigste von allem ist aber, dass Gott dein himmlischer Vater ist. Sein Sohn Jesus hat dafür ge-sorgt, dass wir diesen großen Gott „Papa" nennen dürfen! Wenn er unser Papa ist, sind wir also seine Kinder. Wow, was haben wir für einen großen Vater!

* Jesaja 40,12

Die Weisheit des Eiszapfens

Im Winter, wenn es sehr kalt ist, entstehen manchmal große, schöne Eiszapfen. Oft hängen sie vom Dach herunter. Sie bilden sich, wenn die Sonne den Schnee auf dem Dach schmilzt – das Schmelzwasser tropft dann herunter und erstarrt noch während des Runtertropfens wieder zu Eis. Zuerst entsteht ein winzig kleiner Eiszapfen; aber wenn neues Wasser an ihm herabfließt, gefriert dieses auch zu Eis – und eine kleine Eisschicht „wächst" darüber. Ganz langsam wird so der Eiszapfen immer dicker und länger.

Alle Eiszapfen haben also klein angefangen.

Etwas Ähnliches kann man in einer Tropfsteinhöhle sehen. Dort gefriert meist kein Eis, aber es bilden sich auch eine Art Eiszapfen: sogenannte Tropfsteine. Das Wasser läuft an einem solchen Stein herunter und lagert ein bisschen Kalk an den Seiten ab. Ein Tropfstein kann mehrere Meter lang sein, er hat einmal als kleiner Tropfstein vor vielen Tausenden Jahren angefangen.

Eiszapfen und Tropfsteine lehren uns etwas über Geduld. Wir leben in einer stressigen Zeit. Wir können nicht warten. An der Bushaltestelle ist jeder ungeduldig und tippt auf seinem Smartphone herum. Filmsequenzen werden immer kürzer. Eine Nachricht ist über das Internet in Sekundenschnelle beim Empfänger. Und es ist so viel, was an einem Tag zu tun ist: Schule, Hausaufgaben, Sportverein ...

Es ist wichtig zu lernen, geduldig zu sein. Denn Warten ist manchmal etwas sehr Wertvolles. Es braucht Zeit, eine gute Freundschaft aufzubauen. Es braucht Zeit, Geige spielen zu lernen. Es braucht Zeit, klug zu werden. Es dauert viele Monate, bis es wieder Frühling wird.

Gott ist nie gestresst. Er hat immer genug Zeit. Auch in unserem Leben nimmt er sich die Zeit, die er braucht. Das, was ein Leben als Christ ausmacht, kann sich nicht in kurzer Zeit entwickeln. Es braucht Zeit, Gott besser kennenzulernen. Es dauert oft lange zu verstehen, was in der Bibel steht. Es dauert noch eine Zeit, bis Jesus wiederkommt.

„Es ist keineswegs so, dass Gott die Erfüllung seiner Zusage hinauszögert, wie einige denken. Was sie für ein Hinauszögern halten, ist in Wirklichkeit ein Ausdruck seiner Geduld mit euch. Denn Gott möchte nicht, dass irgendjemand verloren geht; er möchte vielmehr, dass alle zu ihm umkehren." *

* 2. Petrus 3,9–10

Freie Tage sind schön, aber Arbeitstage auch

Ferien, Wochenenden und Feiertage sind herrlich. Besonders dann, wenn du vorher hart gearbeitet hast: Schule, Hausaufgaben, Training ... Vielleicht hast du auch noch andere „Arbeiten", die du zu Hause erledigen musst: zum Beispiel Blumen gießen, Müll raustragen oder die Toilette putzen.

Wenn wir arbeiten, sollen wir auch regelmäßig freie Tage haben. Gott gab uns sechs Tage in der Woche zum Arbeiten und einen Tag zum Ausruhen. Wenn wir immer frei hätten, würde das bald langweilig werden. Aber wenn sich Arbeit und Ruhepausen, Schule und freie Tage abwechseln, bleibt es spannend. „Sechs Tage sollst du deine Arbeit verrichten, aber der siebte Tag ist ein Ruhetag, der mir, dem Herrn, deinem Gott, gehört. An diesem Tag sollst du nicht arbeiten."* So steht es in der Bibel.

Arbeit ist gut und wichtig. In die Schule gehen und lernen ist wichtig. Es gibt keine Arbeit, die besser als eine andere ist. Ob man nun Schüler, Lehrer, Postbote oder Computerexperte ist: Jeder wird gebraucht; jede Arbeit ist wertvoll. Das Wichtigste ist, dass wir mit unserer Arbeit etwas Gutes für andere Menschen tun. Der Postbote bringt die Briefe und Pakete zu uns. Der Computerexperte sorgt dafür, dass die Computer funktionieren. Der Mann von der Müllabfuhr hilft den anderen, ihren Müll loszuwerden. Der Lehrer hilft den Kindern, neue Dingen zu lernen und zu verstehen. Und du als Schüler? Ja, damit hilfst du anderen auch! Vielleicht nicht sofort. Aber du lernst, damit du später mal einen Beruf ergreifen kannst – und dann kannst du direkt anderen Gutes tun.

Ja, Arbeit und Lernen und Aufgaben erledigen kann hart und schwer sein. Nicht immer hat man Lust dazu. Denk nur mal an die Hausaufgaben oder die Fächer, die du nicht so magst … Aber auch Freizeit ist nicht immer nur toll. Freizeit kann nämlich auch langweilig und öde sein – und das macht bestimmt keinen Spaß. Abwechslungsreich wird das Leben, wenn wir beides haben: Arbeit und Freizeit. Wenn wir unsere Pflichten gemeistert haben, können wir die freie Zeit dann umso mehr genießen. Und dann haben wir auch Freude an unseren Aufgaben. Ja, Gott hat uns beides geschenkt: Arbeitstage und freie Tage.

* *2. Mose 20,9–10*

Ein gutes Führungszeugnis

Ein polizeiliches Führungszeugnis ist ein Stück Papier, auf dem steht, ob man in Deutschland geltende Gesetze gebrochen hat. Wenn man gegen eines dieser Gesetze verstoßen hat, bekommt man einen Eintrag in sein Führungszeugnis. Wenn nicht, bleibt es leer.

Wenn im Führungszeugnis steht, dass man schon einmal ein Gesetz missachtet hat und bestraft worden ist, dann darf man zum Beispiel nicht im Kindergarten oder in einer Schule arbeiten. Es kann auch sein, dass man nicht Fußballtrainer oder Pfadfinderleiter werden darf. Ein Führungszeugnis mit einem Eintrag ist eine ernste Sache.

Nach ein paar Jahren werden die Einträge, die im Führungszeugnis stehen, gelöscht. Aber wenn man wieder Gesetze bricht, gibt es einen neuen Eintrag im Führungszeugnis.

Zum Glück haben die allermeisten Leute ein gutes polizeiliches Führungszeugnis: Ein Zeugnis, im dem keine Einträge stehen.

Ob es bei Gott auch so eine Art polizeiliches Führungszeugnis gibt? Was denkst du?

Nun, bei Gott haben *alle* Menschen ein Führungszeugnis voller Einträge! Gottes Gesetze sind nämlich sehr streng. Es gibt zum Beispiel kein deutsches Gesetz, das verlangt, dass wir Gott lieben sollen – und die anderen Menschen auch. Aber Gottes Gesetz sagt: „Liebe Gott und deinen Nächsten." Die Gesetze in Deutschland verbieten auch nicht, dass man auf andere neidisch ist. In Gottes Gesetz steht aber, dass wir nicht neidisch auf andere sein sollen.

Aber weißt du was? Gottes Führungszeugnis ist viel besser als das polizeiliche Führungszeugnis in Deutschland! Warum? Weil Gott die Einträge in unserem Führungszeugnis ungültig machen kann. Im Grunde hat er sie schon gelöscht, als Jesus am Kreuz starb. In der Bibel steht: „Den Schuldschein, der uns wegen der nicht befolgten Gesetzesvorschriften belastete, hat er für ungültig erklärt. Er hat ihn ans Kreuz genagelt und damit für immer beseitigt."* Die großen Nägel, die Jesus am Kreuz hielten, durchlöcherten unsere Führungszeugnisse. Genauso, wie man einen Pass ungültig macht, indem man Löcher in ihn schneidet.

Darum haben wir nun in Gottes Augen ein reines Führungszeugnis. Das klingt unglaublich. Aber es ist wahr, und es lohnt sich, daran zu glauben!

* *Kolosser 2,14; GN*

Passen 100 000 Liter Wasser in einen Eimer?

Ich war mal in Island und habe dort den Wasserfall Gullfoss besichtigt, eine der wichtigsten Sehenswürdigkeiten Islands. Bei diesem Wasserfall fließen etwa 100 000 Liter Wasser *pro Sekunde* die steilen Felswände hinunter. Das ist wahnsinnig viel!

Stell dir nun mal vor, ich hätte einen Eimer mitgenommen, um alles Wasser darin aufzufangen. So was Verrücktes hätte ich niemals schaffen können.

Ebenso verrückt ist es, wenn wir glauben, wir könnten Gott mit unserem kleinen Gehirn und unserem kleinen Herzen fassen. Manche sagen: „Gott kann die riesige Welt doch gar nicht erschaffen haben!" Andere sagen: „Ich will mit Gott nichts zu tun haben, denn er lässt so viel Leid zu." Wieder andere sagen: „Ich kann keinen Gott akzeptieren, den ich nicht verstehe!"

Meistens sind es Erwachsene, die so etwas sagen; aber Kinder können auch Schwierigkeiten haben, Gott zu verstehen.

Doch dann sollten wir daran denken: Gott verstehen zu wollen ist ungefähr so, als wollte man alles Wasser des Gullfoss, das die steilen Wände hinabrauscht, mit einem Eimer auffangen. Das geht nicht. Der Wasserfall ist viel zu groß und der Eimer viel zu klein. Gott ist ja Gott. Und wir sind trotz allem nur Menschen. Selbst wenn wir alles tun würden, um zu verstehen, was Gott über sich selbst gesagt hat, dann würden wir höchstens so viel begreifen, wie in einen Eimer passt. Und das ist nur ein winziger Teil von dem, was Gottes Größe ausmacht.

Gottes Größe können wir nur erahnen: Dass er immer schon da war und immer da sein wird. Dass er den unendlichen Himmel und all die kleinen Atome geschaffen hat, aus denen alles besteht. Dass er alles weiß und alle Menschen durch und durch kennt. Und vor allem, dass er uns so sehr liebt.

Statt zu versuchen, den Gullfoss mit einem Eimer aufzufangen, sollten wir über den riesigen Wasserfall staunen. Schau dir doch im Internet mal Bilder an, damit du siehst, wie groß und fantastisch der Gullfoss ist! Genauso ist es mit Gott. Wenn wir daran denken, wie groß er ist, müssen wir über ihn staunen und ihn loben. „Herr, unser Herrscher! Die ganze Welt spiegelt deine Herrlichkeit wider, der Himmel ist Zeichen deiner Hoheit und Macht."*

* *Psalm 8,2; Hfa*

Spiegel für Gottes Licht

Was ist der Unterschied zwischen einer Lampe und einem Spiegel? Der Spiegel kann selbst nicht leuchten. Das kann nur die Lampe. Ein Spiegel kann das Licht von einer Lampe oder der Sonne nur weitergeben.

Ähnlich ist es auch mit Gott und uns: Gott ist das Licht. Wir sind die Spiegel. Gott leuchtet – und er hat zuerst auf uns geleuchtet. Er hat uns geschaffen, und er zeigt uns immer wieder seine Liebe durch die schöne Welt, die er geschaffen hat, und durch seinen Sohn Jesus, der als Licht in die Welt kam.*

Wir dürfen uns den ganzen Tag in Gottes Licht sonnen, jeden Tag unseres Lebens. Ja, wir sollen es in uns aufnehmen – und weitergeben, so, wie ein Spiegel das Licht weitergibt.

Wir können Gottes Licht in zwei verschiedene Richtungen weiterschicken. Wir können es auf Gott zurückwerfen, das heißt, seine Liebe zu uns erwidern. Das tun wir, indem wir an sein Wort glauben, zu ihm beten und seinen Namen loben. Aber wir können und sollen Gottes Licht auch zu anderen Menschen schicken.

Das tun wir immer dann, wenn wir ihnen Gutes tun und ihnen liebe, ermutigende Worte sagen.

Im Gegensatz zu einem blankgeputzten Badezimmerspiegel sind wir allerdings keine sauberen, fehlerfreien Spiegel für Gottes Licht. Wir sind oft wie verschmierte Spiegel, und wir haben Beulen und Schrammen: Wir sind selbstsüchtig, hassen andere oder sind eingebildet. Wir spiegeln also nicht nur Gottes Licht wider, sondern auch etwas vom Bösen. Aber wir unterscheiden uns auch in einer anderen Sache von einem normalen Spiegel: Wir sind nämlich *lebendige* Spiegel! Gott hat uns als lebendige Menschen erschaffen. Und damit hat er uns die Verantwortung gegeben, sein Licht weiterzustrahlen – trotz unserer Fehler und Mängel. Er möchte, dass wir immer wieder den Dreck von unserer Spiegelfläche wegwischen und die Beulen glätten – damit sein Licht nicht getrübt wird.

Das allerwichtigste für einen Spiegel ist es, dass er zum Licht hingewandt ist. Wenn ein Spiegel dem Licht seine Seite oder Rückseite zuwendet, spiegelt sich nichts in ihm. Auch für uns ist es wichtig, Gott zugewandt zu sein, damit wir sein Licht widerspiegeln und weitergeben können.

„Wir wollen lieben, weil Gott uns zuerst geliebt hat. Gott selbst hat uns geboten, nicht nur ihn, sondern auch unseren Nächsten zu lieben."**

---

* *Johannes 1,9 und 8,12*
** *1. Johannes 4,19 und 4,21*

Vierhändig spielen mit Gott

Ich war schon oft beim Klaviervorspiel eines meiner Kinder. Bei so einem Vorspiel holt der Klavierlehrer alle Kinder und Jugendlichen, die im letzten halben Jahr bei ihm Unterricht hatten, zusammen. Die Eltern, Geschwister und andere Leute werden auch eingeladen. Dann gibt es ein Programm, bei dem jeder Schüler ein Stück spielt.

Der Lehrer spielt mit manchen Schülern auch vierhändig. Das heißt, dass zwei Personen gleichzeitig auf dem Klavier spielen. Das klingt richtig toll! Wenn der Schüler ein Anfänger ist, spielt dieser vielleicht nur mit einem Finger, aber wenn der Klavierlehrer eine schöne Begleitung dazu spielt, klingt das richtig gut. Man merkt, dass der Schüler sich beim Vorspielen wohl fühlt, und dass er auch stolz darauf ist, zusammen mit dem Lehrer so gut gespielt zu haben! Der Lehrer lässt ihm die Ehre, obwohl alle im Raum wissen, dass der Lehrer ja das Meiste gespielt hat.

So ein vierhändiges Klavierspiel erinnert mich an Gott und seine Kinder. Wir sind bei Gott gewissermaßen wie Schüler. Er möchte uns beibringen, wie man lebt. Wie man mit ihm lebt. Und wie wir gut mit unsern Mitmenschen zusammenleben können. Aber er lässt uns nicht allein. Er ist an unserer Seite.

Das, was wir „spielen" – was wir tun –, ist immer unvollkommen. Wir machen Fehler, so, wie auch jemand beim Klavierspielen Fehler macht. Wir wissen nicht, was wir als Nächstes tun sollen, so wie auch ein Klavierschüler manchmal nicht weiß, welche Tasten er als Nächstes drücken soll. Aber Gott sitzt an unserer Seite, und er spielt fantastisch. Es ist gut, ihn an der Seite zu haben. Es ist unglaublich, dass er vierhändig mit uns spielen will; aber das will er tatsächlich. Er schimpft nicht mit uns und sagt, dass wir ja so schlecht sind. Nein! Wie ein guter Klavierlehrer lässt er uns die Freude und den Stolz, mit ihm zusammen gespielt zu haben.

Gott weiß natürlich genau, dass das Entscheidende nicht das ist, was *wir* spielen, sondern das, was *er* spielt. Das, was wir tun, ist nicht so entscheidend wie das, was er tut. Dennoch ermutigt er uns, so gut wie möglich zu sein – und immer besser zu werden.

So ungefähr meinte es auch Paulus, als er den ersten Christen schrieb: „Gott selbst ist ja in euch am Werk, und macht euch nicht nur bereit, sondern auch fähig, das zu tun, was ihm gefällt."* Gott ist wie ein guter Klavierlehrer. Wir müssen die Dinge in unserem Leben nicht alleine tun. Er hilft uns dabei, damit es gelingt.

* *Philipper 2,13; NGÜ*

Die Gefahr des Unterschätzens und Überschätzens

Wenn man bei einem Handballspiel seine Gegner unterschätzt, kann das katastrophal werden. Man kann am Ende trotz Vorsprung noch verlieren, weil das andere Team stärker ist, als man denkt. Aber es ist auch gefährlich, sein eigenes Team zu unterschätzen. Dies kann nämlich dazu führen, dass man kein Vertrauen in die anderen Teammitglieder hat. Das ist der sicherste Weg, das Spiel zu verlieren.

Andererseits: Wenn man den Gegner *über*schätzt, bekommt man schnell Angst. Man verliert den Glauben daran, dass man gewinnen kann – und der Glaube an den Sieg ist sehr wichtig, um gewinnen zu können.

Man sollte aber auch seine Mitspieler nicht *über*schätzen. Sie sind nicht perfekt. Das Team funktioniert nur, wenn die Spieler gegenseitig ihre Stärken *und* Schwächen kennen.

Im großen „Handballspiel des Lebens" gilt genauso: Wenn du gewinnen willst, darfst du deinen Gegner, den Teufel, nicht *unter*schätzen. Er ist da, und er ist stark, clever und ausdauernd. Wenn er dich nicht dazu bringen kann, im Spielzeugladen zu klauen, versucht er vielleicht, dich dazu zu bringen, im Supermarkt zu klauen. Wenn er dich nicht dazu bringen kann zu lügen, kann er dich vielleicht dazu bringen, über andere zu lästern. Unterschätze ihn nicht. Er ist zu stark für dich.

Auf der anderen Seite darfst du den Teufel auch nicht *über*schätzen. Er ist nämlich nicht der stärkste Spieler auf dem Spielfeld! Das ist Gott, und solange du in *Gottes* Team bist – das heißt, an ihn glaubst – ist der Teufel nicht der Stärkste in deinem Leben.

Es ist auch wichtig, dass du deine Mitspieler – also die anderen Christen – weder unterschätzt noch überschätzt. Du bist nicht alleine in der Mannschaft. Du bist Teil einer Gemeinschaft. Wir spielen zusammen. Wir können uns gegenseitig helfen. Das, was du nicht kannst, kann ein anderer. Und das, was du kannst, kann einem anderen helfen. Unterschätze nicht die Hilfe, die du von den anderen bekommen kannst. Und unterschätze auch nicht die Unterstützung, die du den anderen geben kannst.

Aber überschätze die anderen auch nicht. Sie sind nicht perfekt. Sie haben Fehler. Genau wie du. Sie werden dich enttäuschen. Es ist wichtig, immer wieder daran zu denken.

Nur Gott können wir nicht überschätzen, denn mit seiner Hilfe gewinnen wir.*

* *Psalm 60,14*

Von der Ameise lernen

Auf meiner Terrasse – in den Ritzen zwischen den Fliesen – gibt es mindestens 25 Stellen, wo Ameisen Sand aufgehäuft haben. Diese Sandhäufchen sehen aus wie winzig kleine Vulkane. Die Ameisen kommen aus dem Inneren des Kraters mit jeweils einem Sandkorn, legen es auf der Kante des Kraters ab, und laufen wieder runter, um ein weiteres Sandkorn zu holen. Was für eine Arbeit!

Ich ärgere mich natürlich über die Ameisen. Sie verteilen Sand auf meiner Terrasse und untergraben sie, sodass schließlich die Fliesen uneben sind. Aber es ist auch faszinierend: 25 kleine Vulkane aus Tausenden von Sandkörnern, und jedes einzelne Sandkorn wird von einer winzig kleinen Ameise hochgetragen! Wenn ich mich hinknie und beobachte, wie eine Ameise ein Sandkorn hochträgt, sieht es nicht aus, als würde das irgendetwas verändern. Aber wenn tausendmal oben ein Sandkorn abgelegt wurde, wird daraus ganz langsam ein kleiner Vulkan.

Weißt du, dass in der Bibel auch Ameisen erwähnt werden? Dort steht an einer Stelle: „Nimm dir ein Beispiel an der Ameise, du Faulpelz. Lerne von ihr und werde weise!"* Die Ameise kann uns etwas über Ausdauer und Gemeinschaft lehren.

Ausdauer ist wichtig, egal, ob du lesen oder ein Musikinstrument lernen willst. Ohne Ausdauer geht das nicht. Das tägliche Üben bewirkt, dass du schließlich lesen kannst. Oder dein Musikinstrument immer besser spielen kannst. Ausdauer brauchen wir auch im Umgang mit anderen Menschen. Es ist wichtig, dass wir uns darin üben, mit anderen Menschen nachsichtig und liebevoll umzugehen.

Die Ameisen lehren uns auch etwas über Gemeinschaft. Denn die ganze Arbeit wird ja nicht von einer einzigen Ameise gemacht. In jedem Bau leben oft Tausende von Ameisen. Sie alle arbeiten zusammen. Nur so können sie es schaffen. Viele unserer Aufgaben können wir besser gemeinsam mit anderen tun: Wir können uns zusammentun, um die Welt zu einem besseren Ort zum Leben zu machen. Wir können aufhören, Müll in die Natur zu werfen, und wir können für Kinder, die hungern, Geld sammeln. Gemeinsam können wir viel mehr erreichen als allein.

Übrigens können uns Ameisen auch etwas über Gott lehren: Auch Gott ist total ausdauernd – noch viel mehr als die Ameisen. Er hat mit uns und seiner Welt ganz viel Ausdauer und Geduld. Und Gott arbeitet auch in einer Gemeinschaft – zwischen Vater, Sohn und Heiligem Geist.

Ja, mit Ausdauer und in Gemeinschaft kann man viel erreichen!

* *Sprüche 6,6; Hfa*

101

Dein Becher fließt über

Wenn du einen Becher unter einen laufenden Wasserhahn hältst, wird er schnell voll sein und dann überlaufen, wenn du den Wasserhahn nicht abdrehst.

In Psalm 23 verwendet David genau dieses Bild. Er sagt: „Du, Gott, füllst meinen Becher bis zum Überfließen."* Damit meint er, dass Gott überschwänglich gut zu ihm ist. So ist Gott auch heute zu uns: Er versorgt uns mit ganz vielen guten Sachen. Wir sehen das nur nicht immer. Darum will ich dich heute an ein paar der vielen Dinge erinnern, die Gott dir in deinen Becher gießt, sodass er überläuft.

Das Erste, was Gott dir geschenkt hat, ist das Leben. Es ist ein Wunder, dass du geboren wurdest. Und Gott hält dich in jeder Sekunde am Leben. Ich weiß, atmen und essen musst du schon selbst, das ist wahr. Aber Gott hat deinen Körper geschaffen, sodass du atmen kannst. Und Gott ist es, der dafür sorgt, dass wir jeden Tag zu essen haben.

Gott lässt dich auch in einem der sichersten Länder der Welt leben. Denk mal darüber nach, wie sehr du Gott dafür danken kannst, dass du in Deutschland wohnst. Du wirst nicht gezwungen, vierzig Stunden in der Woche in einer Fabrik zu arbeiten, wie es Kinder in armen Ländern oft tun müssen.

In Deutschland gibt es keinen Krieg. Du musst keine Angst vor Heckenschützen haben, sobald du aus dem Haus gehst. Du lebst in einem Land, in dem es keine Tsunamis oder schwere Erdbeben gibt wie zum Beispiel in Asien oder in Haiti, einem Inselstaat in der Karibik.

Deutschland ist auch eines der reichsten Länder der Erde. Also selbst, wenn dein Vater keinen Ferrari fährt und deine Mutter keinen Schmuck hat, der eine Million Euro gekostet hat, hast du mehr als die meisten anderen Kinder in der Welt: Spielzeug, ein Fahrrad, vielleicht ein Handy. Ein Bett zum Schlafen. Wenn du krank bist, kannst du zum Arzt gehen. Du kannst Bücher in der Bibliothek ausleihen. Du darfst in die Schule gehen und später einen Beruf erlernen. Du hast gute Freunde. Und vieles andere!

Ja, Gott füllt deinen Becher, sodass er überfließt. Vergiss nicht, ihm dafür zu danken! Und wenn dein Becher überfließt, heißt das: Es ist noch genug für andere da. Gott beschenkt uns so reichlich, damit wir mit den Menschen teilen, die nicht so viel haben wie wir.

* *nach Psalm 23,5*

Der Zug, der ins Land des Lebens fährt

Bestimmt bist du schon öfter mal mit dem Zug gefahren. So ein Zug kann sehr lang sein, sodass man in ihm eine ziemlich weite Strecke vor- und wieder zurücklaufen kann.

Auf der Strecke von Köln nach Hamburg liegt in der Mitte Osnabrück. Wenn du nach Köln willst und in Osnabrück einsteigst, ist es nicht so gut, wenn du den Zug nach Hamburg nimmst. Es nützt auch nichts, wenn du *im* Zug drin in Richtung Köln läufst, während der Zug in die entgegengesetzte Richtung fährt. Denn du kommst auf jeden Fall in Hamburg an und nicht in Köln!

Wenn du nach Köln willst und mit dem richtigen Zug unterwegs bist, ist es wiederum total egal, wenn du *im* Zug in Richtung Hamburg läufst. Du kommst trotzdem in Köln an! Denn das Wichtigste ist nicht, in welche Richtung du im Zug läufst, sondern mit welchem Zug du fährst: mit dem nach Hamburg oder dem nach Köln.

Stell dir vor, unser ganzes Leben ist wie eine Zugfahrt. Es gibt zwei Züge, die in verschiedene Richtungen fahren. Das sind natürlich nicht die Züge nach Köln und Hamburg, sondern der „Zug des Lichts" und der „Zug der Finsternis". Der Zug der Finsternis fährt in das Land der Dunkelheit, wo die Menschen von Gott getrennt sind. Der Zug des Lichts fährt ins Land des Lebens, wo die Menschen für immer mit Gott zusammen sind. Gott hat unser Ticket für den „Zug des Lichts" bezahlt. Das Ticket heißt „Jesus Christus". Wenn wir dieses Ticket annehmen, sind wir auf dem Weg ins Land des Lebens.

Wenn jemand mit dem anderen Zug fährt, nützt es ihm nichts, wenn er im Zug in die entgegengesetzte Richtung läuft – wenn er schöne Sachen erlebt oder gute Freunde hat. Am Ende wird er trotzdem nicht im Land des Lebens ankommen, sondern im Land der Finsternis.

Aber wer mit dem „Zug des Lebens" fährt und schlechte oder traurige Dinge erlebt – wie zum Beispiel den Tod eines lieben Menschen – fährt nicht ins Land der Finsternis, auch wenn er dunkle Zeiten durchmacht. Ja, wir müssen eines Tages sterben. Und auch unsere Lieben müssen irgendwann sterben. Krankheit, Probleme, Traurigkeit und Tod gehören zu unserem Leben dazu. Trotzdem ist der Zug, in dem wir sitzen, immer noch auf dem Weg ins Land des Lebens. Denn Jesus hat für uns das Zugticket bezahlt. Deshalb werden wir einmal im Land des Lebens mit ihm leben – auch wenn wir gestorben sind.

Jesus sagt: „Ich bin die Auferstehung und das Leben. Wer an mich glaubt, der wird leben, auch wenn er stirbt."*

* Johannes 11,25

Gott lächelt dich an

Hoffentlich hast du schon erlebt, dass jemand dich anlächelt und dir dabei in die Augen schaut. Das ist ein schönes Gefühl, nicht wahr? Du fühlst dich froh und gleichzeitig sicher, es mit einem freundlichen Menschen zu tun zu haben. Du spürst Wärme. Du fühlst dich wahrgenommen. Weißt du, dass Gott dich jeden Tag anlächelt?

In Gottesdiensten wird am Ende der Segen gesprochen. Wir stehen auf und hören die Worte: „Der Herr segne dich und behüte dich; der Herr lasse sein Angesicht leuchten über dir und sei dir gnädig; der Herr hebe sein Angesicht auf dich und gebe dir Frieden."* Das ist der aaronitische Segen. Der heißt so, weil der Priester Aaron das Volk Israel vor etwa dreitausend Jahren mit genau diesen Worten gesegnet hat.

„Er lässt sein Angesicht über dir leuchten" und „Er hebt sein Angesicht auf dich" sind Ausdrücke dafür, dass Gott dich anlächelt.

Vielleicht hast du schon mal gehört, dass „das Gesicht von jemandem aufleuchtete". Genau das passiert, wenn wir lächeln:

Unser Gesicht fängt an zu leuchten. Wenn jemand sein Gesicht von uns abwendet, mag er uns nicht oder will nichts mit uns zu tun haben. Wenn jemand uns aber sein Gesicht zuwendet und uns in die Augen sieht, ist das in der Regel ein Zeichen dafür, dass er freundlich zu uns ist.

Wenn Gott uns anlächelt, ist das viel mehr, als wenn eine fremde Person im Bus uns anlächelt. Gott kennt nämlich jeden Einzelnen von uns ganz genau. Er kennt unsere Stärken und Schwächen. Ja, er hätte manchmal gute Gründe, sich von uns abzuwenden. Aber er ist freundlich und großzügig. Er lächelt uns an.

Wenn Gott uns segnet, bedeutet das, dass er uns *mit Freude* anschaut. Sein Lächeln ist nicht oberflächlich. Es kommt aus der Tiefe seines Herzens. Gott sieht uns als seine geliebten Kinder. Er umarmt uns und will, dass es uns gutgeht – auch wenn er zulässt, dass wir in Schwierigkeiten geraten. Er gibt uns seinen Frieden.

Also, wenn du das nächste Mal im Gottesdienst bist, und der Segen gesprochen wird, dann erinnere dich daran: Gott lächelt dich gerade liebevoll an.

* *4. Mose 6,24–26*

Alle, die in Gottes Mannschaft sind, gewinnen Gold

Bei einer Weltmeisterschaft im Fußball gibt es normalerweise eine Vorrunde, danach eine Zwischenrunde und zuletzt das Endspiel. Manche Spieler sind bei allen Spielen dabei. Sie sind die so genannten „Schlüsselspieler". Andere Spieler sind nur wenige Minuten in einem einzigen Spiel oder bei wenigen Spielen dabei. Man nennt sie Ersatzspieler. Aber sie gehören auch zur Mannschaft. Und wenn die Mannschaft die Weltmeisterschaft gewinnt, bekommen die Ersatzspieler Medaillen, die genauso groß sind wie die Medaillen der Stars. Alle in der Mannschaft gewinnen Gold – auch der Spieler, der nur fünf Minuten mitgespielt hat.

So ist es auch in Gottes Reich. Manche sind schon lange dabei. Andere erst seit Kurzem. Es spielt keine Rolle, wie lange man schon Christ ist, wie viel man für Gott getan hat oder wie bekannt man ist. Entscheidend ist allein, ob man in der Mannschaft von Jesus ist oder nicht. Und in seine Mannschaft können nicht nur die Besten kommen. Wenn Jesus seine Mannschaft aufstellt, lädt er alle ein, mit ihm zu spielen. Diese Einladung nimmt man an, indem man ganz einfach sagt: „Jesus, danke, dass du mich in deiner Mannschaft haben willst!"

Jesus hat einmal ein Gleichnis erzählt, das zwar nicht von einer Weltmeisterschaft handelt, aber von etwas Ähnlichem: von Arbeitern in einem Weinberg. Am Ende war es nicht entscheidend, wie lange jeder gearbeitet hat. Entscheidend war, im Team der Weinbergarbeiter zu sein. Am Ende des Tages bekamen alle gleich viel Lohn: der, der acht Stunden gearbeitet hat, genauso viel wie der, der nur eine Stunde gearbeitet hat.*

So werden auch alle Kinder Gottes am Ende gleich viel Lohn bekommen. Denn wichtig ist nur, dass Jesus uns in seine Mannschaft geholt hat und wir mit ihm spielen.

* *Matthäus 20,1–16*

Liebe sprengt Türen

Heute möchte ich euch eine wahre Geschichte erzählen. Viele Zeitungen haben darüber berichtet – und das war nicht am 1. April.

Eine Mutter wollte ihr Kind am Spätnachmittag in der Kita abholen. Sie war sehr überrascht, als sie die Außentür verschlossen vorfand. Sie klopfte an, aber keiner öffnete. Sie wunderte sich, aber sie dachte, dass die Erzieher vielleicht mit den letzten Kindern am Nachmittag einen Spaziergang machten. Sie ging wieder und sagte sich: „Sie werden schon da sein, wenn ich in einer Viertelstunde wiederkomme."

Aber nein. Als die Mutter wiederkam, war die Tür immer noch verschlossen! Sie war ganz still und hörte genau hin. Doch was war das? Es hörte sich an wie ein weinendes Kind. Das Weinen kam aus dem Gebäude, und dieses Weinen kannte sie. Es war das Weinen ihres Sohnes. Eine Mutter kann nämlich die Stimme ihres eigenen Kindes von allen anderen Kinderstimmen unterscheiden!

Nun wurde sie verzweifelt. Sie warf sich gegen die Tür, mühte sich ab und rief laut. Je mehr sie ihr Kind weinen hörte, desto mehr Kraft bekam sie. Schließlich schaffte sie es, die Tür aufzusprengen. Sie stürzte hinein und fand ihren Sohn im Bett, wo er geschlafen hatte. Ich brauche wohl nicht zu erzählen, dass die Wiedersehensfreude für Mutter und Kind sehr groß war.

Die Erzieher hatten vergessen, dass der Junge noch schlief, als sie die Kita am Ende des Tages verschlossen. Wie schrecklich! Und sehr, sehr peinlich!

Die Geschichte zeigt, wie stark Liebe ist.

„Kann eine Mutter etwa ihren Säugling vergessen? Fühlt sie etwa nicht mit dem Kind, das sie geboren hat? Selbst wenn sie es vergessen würde, vergesse ich dich nicht!", sagt Gott*. Gottes Liebe gab ihm Kräfte, um Türen zu sprengen. Er musste nicht die Tür zur Kita sprengen, sondern die Tür zum Reich des Bösen. Gottes Sohn Jesus tat das. Er brach in die Festung des Bösen ein, weil er uns, die wir dort gefangen sind, so sehr liebt.

Manchmal hast du bestimmt auch das Gefühl, dass dich Ärger, Wut, Unehrlichkeit, Angst oder Enttäuschung gefangen nehmen. Du kannst dich weigern, dich von Jesus dort rausholen zu lassen. Aber das wäre genauso dumm, als hätte der kleine Junge nicht mit seiner Mutter aus der Kita hinausgehen wollen.

* *Jesaja 49,15*

Gott hat deinen Namen in seine Hand geschrieben

Wenn ich etwas Wichtiges nicht vergessen darf, schreibe ich mir das mit Kugelschreiber auf meinen linken Handrücken. Das kann ein Geschenk sein, das ich noch kaufen muss. Das kann eine Textnachricht sein, die ich noch senden muss. Oder etwas, das ich meiner Frau noch sagen muss. Manchmal steht da nur ein Name, aber ich weiß sofort, worum es geht.

Gott hat auch etwas auf seine Hand geschrieben. „Siehe, in die Hände habe ich dich gezeichnet", sagt er.* Gott hat deinen Namen auf seine Hand geschrieben. Das zeigt, dass du ihm sehr wichtig bist. Er kann und will dich nicht vergessen!

Aber es gibt ja so viele Menschen auf der Erde, und jeder hat einen Namen! Wie schafft Gott es nur, sich alle Namen zu merken? Und wie kann auf Gottes Hand Platz für so viele Namen sein? Das geht nur, weil Gott sehr große Hände hat. Oder anders formuliert: Das ist nur möglich, weil er ein sehr großes Herz hat, in das wir alle hineinpassen.

Im Gegensatz zu dem, was ich auf meine Hände schreibe – das

leicht wieder weggewaschen werden kann – können dein und mein Name auf Gottes Hand nicht mal eben so entfernt werden. Denn die Tinte auf Gottes Hand ist absolut wasserfest. Niemand kann sie wegwischen oder wegradieren. Diese Tinte ist Gottes Herzblut – also seine unendlich große Liebe zu uns. Darum wird Gott auch sehr, sehr traurig, wenn wir gleichgültig gegenüber seiner Liebe sind. Es verletzt ihn, wenn wir es nicht wertschätzen, dass er uns in seine Hände gezeichnet hat.

Aber warum sollten wir Gottes Liebe zurückweisen? Komm, lass uns ihm Danke sagen und uns darüber freuen, dass unsere Namen in seine Hand geschrieben sind!

* *Jesaja 49,16*

Der Code des Glaubens ist Jesus

Senf wird aus Senfkörnern gemacht, die gemahlen und mit einigen anderen Zutaten gemischt werden. Aber Senfkörner sind sehr klein. Erst 250 Senfkörner wiegen zusammen ein Gramm. Eine mittelgroße Kartoffel wiegt 100 Gramm, also wiegen 25 000 Senfkörner so viel wie eine Kartoffel. Aus einer Kartoffel wächst wieder eine Kartoffelpflanze. Aus einem Senfkorn wird eine Senfpflanze. Und manche Senfpflanzen können große Büsche werden.

Jesus vergleicht den Glauben mit einem Senfkorn.* Damit will er sagen, dass es nicht entscheidend ist, ob unser Glaube groß oder klein ist. Entscheidend ist nur, dass ein bisschen Glaube an ihn da ist, auch wenn er so winzig klein wie ein Senfkorn ist.

Wenn du Senf anbauen willst, ist es wichtig, dass du Senfsamen säst, und nicht Kresse- oder Möhrensamen. Es funktioniert auch nicht, wenn du eine Kartoffel in der Erde verbuddelst. Denn daraus wird höchstens eine Kartoffelpflanze. Entscheidend ist, dass du tatsächlich Senfsamen säst. Denn darin versteckt sich

114

das Erbgut: eine Art Code, der bestimmt, was daraus wachsen soll. Der Code entscheidet, ob aus einem Samen ein Senfbusch, eine Möhrenpflanze oder eine Sonnenblume wird.

Der Code des Glaubens ist Jesus. Ob du einen großen Glauben oder einen kleinen Glauben hast, ist nicht entscheidend. Hauptsache, es ist ein Glaube an Jesus Christus. Hauptsache, du glaubst an ihn. Hauptsache, du kannst auf ihn nicht verzichten.

Wir denken, unser Glaube ist groß und stark, wenn wir um ein Wunder beten können; zum Beispiel, dass ein Kranker gesund wird. Und wir denken, unser Glaube ist klein und schwach, wenn wir es kaum wagen, Gott überhaupt um irgendetwas zu bitten.

Aber daran können wir keinen Glauben messen. Hauptsache, unser Glaube ist auf Jesus gerichtet. Hauptsache, wir klammern uns an ihn. Dann ist unser Glaube ein echter Glaube, der uns für Zeit und Ewigkeit mit Gott verbindet.

* Matthäus 17,20

Wer Jesus hat,
hat alles

Es war einmal ein reicher Amerikaner, der Kunst sammelte. Er hatte einen Sohn, der in den Krieg geschickt wurde und dort starb. Der Vater trauerte sehr um seinen Sohn. Als der Krieg vorbei war, kam ein Mann zu dem Vater. Er schenkte ihm ein Bild, das er von dem Sohn im Krieg gemalt hatte. Obwohl dieses Gemälde kein großes Kunstwerk war, freute sich der Vater so sehr darüber, dass er es an einem Ehrenplatz mitten zwischen den kostbaren Gemälden in seinem Haus aufhängte.

Nach einigen Jahren starb der Vater. Er hatte ein Testament geschrieben und darin festgelegt, auf welche Art und Weise seine große Kunstsammlung verkauft werden sollte. Es sollte eine Versteigerung stattfinden. Bei einer Versteigerung können alle Interessierten sagen, wie viel sie für ein bestimmtes Bild bezahlen wollen. Derjenige, der die höchste Summe bietet, darf das Bild dann zu diesem Preis haben.

Am Tag der Versteigerung kamen viele Menschen. Zuallererst wurde das Bild des verstorbenen Sohnes angeboten. Es wurde

116

ganz still im Raum. Alle wussten, dass dieses Gemälde nichts wert war, darum wollte keiner dafür eine Kaufsumme bieten. Aber dem langjährigen Gärtner des Vaters war das egal. Er mochte das Bild und wollte es gerne als Erinnerung an den Sohn des Vaters haben. Er bot zwanzig Dollar. Weil kein anderer mehr Geld bot, bekam es der Gärtner.

Da sagte der Leiter der Versteigerung auf einmal: „Die Versteigerung ist vorbei!" Die Leute schauten sich verwundert an. Das konnte doch nicht sein! Die Versteigerung sollte doch gerade erst beginnen – es waren doch noch all die vielen wertvollen Bilder zu versteigern! Aber der Leiter der Versteigerung teilte allen mit: „Hiermit gebe ich bekannt, dass der Verstorbene vor seinem Tod festgelegt hat: ‚Zuerst soll das Gemälde des Sohnes versteigert werden. Der Käufer dieses Gemäldes bekommt dann auch alle anderen Gemälde der Kunstsammlung kostenlos dazu!'"

Alle Anwesenden waren sehr verwundert – natürlich auch der Gärtner. Nun wussten alle im Raum, wie viel der Sohn dem Vater bedeutet hatte. Das Bild, das aussah, als sei es nichts wert, erwies sich als das kostbarste Stück der ganzen Kunstsammlung. Denn demjenigen, dem das Bild des Sohnes gehörte, gehörten auch alle anderen, sehr wertvollen Bilder.

Mit dem Glauben ist es so ähnlich wie bei dieser Versteigerung: Wer den Sohn haben möchte, bekommt auch alles andere kostenlos dazu. Wer Jesus, den Sohn Gottes, annimmt, der bekommt noch viel, viel mehr dazu: nämlich ein ewiges Leben bei ihm. „Wer den Sohn hat, der hat das Leben; wer den Sohn Gottes nicht hat, der hat das Leben nicht"*, steht in der Bibel. Es gibt viele schöne Dinge im Leben: Fußball und Pferde, ein kuscheliges Bett, ein guter Freund … Aber all diese schönen Dinge und all die tollen

Menschen um uns herum können uns nicht das ewige Leben geben. Das kann nur Gottes Sohn. „Den Sohn zu haben" bedeutet, an Jesus Christus zu glauben und bei ihm zu bleiben.

* *1. Johannes 5,12*

Bibelstellenverzeichnis

Ermutigung für Mädchen

„Das Buch holt die Botschaften von Jesus richtig gut in meinen Alltag. Außerdem machen die kreativen Aktionen total Spaß. Durch die coolen Bilder ist das Buch bunt und fröhlich!"

Leserstimme

Gott will dich Schritt für Schritt auf deinem Weg durch das Leben begleiten. Die 100 Impulse in diesem Buch helfen dir dabei, dich daran zu erinnern, dass er dich wunderbar, stark und mutig gemacht hat.

Jede der kurzen Andachten wird mit einem Bibelvers eingeleitet, den Abschluss bildet jeweils eine Impulsfrage mit Platz für eigene Notizen. Durchgehend farbig gestaltet ist dieses Buch eine wunderbare Erinnerung für alle jungen Leserinnen ab 10 Jahren, dass sie großartige, starke und mutige Töchter des Königs sind.

 Melanie Shankle • In dir schlägt ein Löwenherz
Gebunden • 224 Seiten • ISBN 978-3-95734-678-0

Worte Jesu
kindgerecht formuliert

„Ich empfehle dieses Buch jedem, der sein Kind dabei unterstützen möchte, eine persönliche Beziehung zu Jesus aufzubauen und Gottes Liebe auf einfühlsame Weise zu erfahren."

Leserstimme

Jesus - dein bester Freund - spricht direkt in dein Herz. Und er freut sich darüber, wenn du Zeit für ihn hast. Jesus möchte dir so viel sagen. Einiges davon findest du in diesem Buch.

Es hilft dir dabei, jeden Tag etwas Zeit mit ihm zu verbringen. Du wirst staunen, was er alles zu sagen hat. Seine Worte trösten und stärken, machen Mut und fordern heraus. Lass dich überraschen …

Ideal für Familien mit Kindern ab 7 Jahren.

Sarah Young • Ich bin bei dir – Familienausgabe
Gebunden • 384 Seiten • ISBN 978-3-86591-639-6

Die ausgewählten Andachten in diesem Buch
erschienen erstmals auf Dänisch im Verlag
Fohrlagsgruppen Lohse, Korskaervej, Fredericia, Denmark
und sind den Titeln „Skyd!" und „Vind!" entnommen.
© 2007 und 2015 by LogosMedia
© der deutschen Ausgabe 2019 Gerth Medien
in der SCM Verlagsgruppe GmbH, Dillerberg 1, 35614 Asslar

Die Bibelzitate wurden, wenn nicht anders
angegeben, folgender Übersetzung entnommen:
Lutherbibel, revidiert 2017, © 2016 Deutsche Bibelgesellschaft, Stuttgart.
Weiterhin wurden folgende Übersetzungen verwendet:
Neue Genfer Übersetzung – Neues Testament und
Psalmen, © 2011 Genfer Bibelgesellschaft (NGÜ)
Gute Nachricht Bibel, revidierte Fassung, durchgesehene
Ausgabe, © 2000 Deutsche Bibelgesellschaft Stuttgart (GN)
Hoffnung für alle, © Copyright 1983, 1996, 2002, 2015 by
Biblica, Inc.® Verwendet mit freundlicher Genehmigung
des Herausgebers Fontis (Hfa)
Neues Leben. Die Bibel, © 2002 und 2006 SCM R. Brockhaus
im SCM-Verlag GmbH und Co KG, Witten (NL)
Einheitsübersetzung der Heiligen Schrift, © 1980 Katholische
Bibelanstalt, Stuttgart (EÜ)

2. Auflage 2021
Bestell-Nr. 817558
ISBN 978-3-95734-558-5

Umschlaggestaltung und Umschlagillustration: Hanni Plato
Lektorat: Verena Keil
Satzlayout und Herstellung: Immanuel Grapentin
Satz: Greiner & Reichel, Köln
Druck und Verarbeitung: GGP Media GmbH, Pößneck
Printed in Germany

www.gerth.de